Ratgeber Empfängnisverhütung

humboldt
Ratgeber

Ratgeber Empfängnisverhütung

Von Isa Berndt und
Dr. med. Christiane von Ludwig

humboldt

humboldt-taschenbuch 708

Umschlaggestaltung: Christa Manner
Umschlagfoto: Graphics – Photos – Art;
Photograph: Peter Grumann
Die Zeichnungen im Innenteil auf Seite 15, 20, 34 stammen von
Susanne Ueber-Graf

Hinweis für den Leser:

Soweit in diesem Buch eine Dosierung, Applikation, Therapie- oder Übungsanleitung erwähnt wird, darf der Leser zwar darauf vertrauen, daß diese Angaben dem aktuellen Stand von Wissenschaft und Forschung entsprechen.
Für dergleichen Angaben kann jedoch vom Verlag keinerlei Gewähr übernommen werden. Jede Dosierung, Applikation oder Therapie erfolgt auf eigene Gefahr des Benutzers. Beachten Sie deshalb bitte immer den Beipackzettel, oder konsultieren Sie im Zweifelsfall Ihren Arzt.

Druck: Presse-Druck Augsburg
Printed in Germany

ISBN 3-581-6708-8

1 2 3 * 95 94 93

Inhalt

Zu diesem Buch

Eine erfolgreiche Empfängnisverhütung hängt entscheidend ab von Ihrem körperlichen und seelischen Wohlbefinden, Ihrem Interesse an und Ihren Erfahrungen mit Verhütungsmethoden und deren konsequenten Anwendung.

Wissen um Empfängnisverhütung bedeutet also mehr als die Kenntnis technischer Details. Sie beginnt mit dem *biologischen Wissen* des männlichen und des weiblichen Körpers und der Fortpflanzung. In engem Zusammenhang dazu stehen *weiblicher Zyklus* und *Geschlechtsverkehr*. Für das tiefere Verständnis dafür, was beim Geschlechtsverkehr genau vor sich geht, ist die Kenntnis der *verschiedenen Phasen* besonders wichtig.

★

Dieser praktische Ratgeber bietet Frauen und Männern eine *kritische Orientierungshilfe* in Sachen Empfängnisverhütung. Er geht zudem sowohl auf die Bedürfnisse des *jungen Mädchens* ein, für das »es das erste Mal« ist, als auch auf die Fragen und Probleme der *Eltern*, die ihrer Tochter/ihren Sohn beraten bzw. helfen wollen, eine selbstbewußte und verantwortungsvolle Sexualität zu entwickeln.

★

Bei der Wahl der für Sie am geeignetsten Verhütungsmethode spielt auch Ihre innere Einstellung eine große Rolle: Gerade die Bereiche Sexualität/Empfängnisverhütung sind eng mit der *Psyche* verbunden. Seien Sie sich bitte deshalb darüber im klaren, daß Ihnen dieses Buch nur als Informationsbasis dienen und nicht ein *persönliches Gespräch* mit einem Arzt oder einer Beraterin ersetzen kann.

★

Dieses Buch beschreibt Aufbau und Funktion der Geschlechtsorgane, den Vorgang des Geschlechtsakts mit seinen verschiedenen Phasen und informiert sachlich und kompetent über die verschiedenen Verhütungsmethoden und die Erfahrungen mit ihnen. Alle *Verhütungsmethoden,* die Männer und Frauen heute anwenden können, werden ausführlich vorgestellt. Auf die *Vor- und Nachteile* der jeweiligen Methode wird dabei ebenso eingegangen wie auf die *genaue Anwendung in der Praxis, die Sicherheit* und auf die wichtige Frage, *für welche Personen* die vorgestellte Methode *geeignet* ist. Neben den *natürlichen, mechanischen, chemischen* und *hormonellen Verhütungsmethoden* wird auch die *Sterilisation* besprochen. Da wir den Schwangerschaftsabbruch nicht als Verhütungsmethode betrachten, haben wir diesem Thema einen kurzen Informationsblock im Anhang dieses Buches gewidmet.

Bitte beachten Sie, daß die Abtreibungsgesetzgebung neu geregelt wird. Ab dem 16. Juni 1993 gilt – bis zur Verabschiedung eines neuen Gesetzes – eine Übergangsregelung.

Autorinnen und Verlag

Die Biologie

Um zu verstehen, warum bei der Frau alle vier Wochen eine Blutung stattfindet, warum beim Mann der Penis steif wird, warum die Hoden für die Fortpflanzung so wichtig sind und wie es überhaupt zu einer Schwangerschaft kommt, sind Grundkenntnisse über die Geschlechtsorgane und -funktionen notwendig.

Ganz allgemein unterscheidet man zwischen *äußeren* und *inneren Geschlechtsorganen*. Es ist einleuchtend, daß die äußeren sichtbar sind, während die inneren im Körper, zumindest für die Augen, verborgen liegen.

Der weibliche Körper

Die äußeren Geschlechtsorgane der Frau

Dazu gehören der Schamhügel, die großen und kleinen Schamlippen, die Klitoris und der Scheideneingang.

Der *Schamhügel* besteht aus Fettgewebe, auf dem während der Pubertät die Schamhaare wachsen.

Die großen *äußeren Schamlippen* sind zwei dicke Hautfalten aus Fettgewebe, die wie der Schamhügel mit Haaren bewachsen sind. Bei den meisten jungen Frauen berühren sich die beiden großen Schamlippen, so daß die empfindliche Haut darunter geschützt wird.

Unter den großen Schamlippen liegen die *kleinen Schamlippen*, zwei dünnere Hautfalten, die den Ausgang der Scheide umschließen. Sie bestehen aus vielen kleinen Blutgefäßen und Talgdrüsen mit ihren Ausführungsgängen (Bartholinische Drüsen). Bei sexueller Erregung

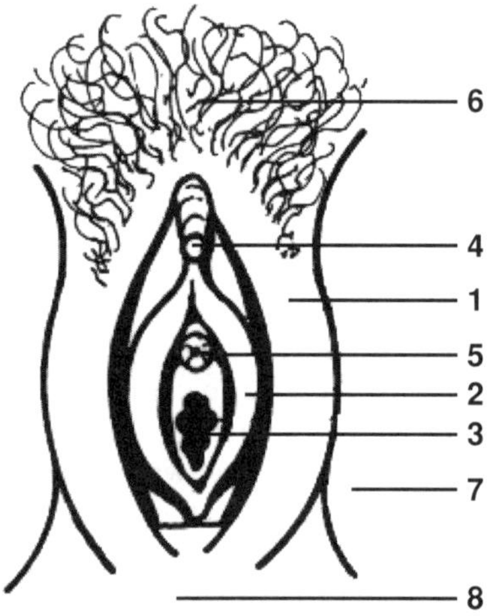

Scheideneingang (gespreizt)

1 = Große (äußere) Schamlippe
2 = Kleine (innere) Schamlippe
3 = Jungfernhäutchen
4 = Klitoris
5 = Harnröhrenöffnung
6 = Schamberg
7 = Beginn der Oberschenkel
8 = Dammgegend

Äußere Geschlechtsorgane

Theodor Bovet: Junge Leute, Sex & Liebe. Biologische und psychologische Informationen für Jungen und Mädchen ab 15. Katzmann Verlag, Tübingen

werden die Schamlippen erheblich dicker, und die Talgdrüsen sondern ein schleimiges Sekret ab, damit das männliche Glied leichter in die Scheide gleiten kann.

Der *Kitzler*, auch *Klitoris* genannt, liegt unterhalb des Schamhügels, wo sich die kleinen Schamlippen in die rechte und linke Lippe teilen. Sie besteht ähnlich wie das Glied des Mannes aus Schwellgewebe und besitzt viele Nervenkörperchen, was sie zum empfindlichsten Organ der weiblichen Geschlechtsorgane macht. Wie der Penis beim Mann schwillt auch die Klitoris bei sexueller Erregung an und wird härter. Um die Klitoris sehen zu können, müssen die kleinen Schamlippen etwas auseinandergelegt werden; manchmal ist es schwierig, sie zu sehen, und man kann versuchen, sie zu ertasten. Dort, wo die empfindlichste Stelle ist, liegt sie. Sie hat ungefähr die Größe einer halben Erbse.

Der *Eingang der Scheide* liegt zwischen den beiden kleinen Schamlippen, etwas unterhalb, wo die Harnröhre nach außen mündet. In einigen Fällen ist der Scheideneingang bei den Mädchen oder Frauen, die noch keinen Geschlechtsverkehr gehabt haben, bis auf eine kleine Öffnung von dem sogenannten Jungfernhäutchen, dem Hymen, umgeben. Wenn der Penis des Mannes zum ersten Mal in die Scheide eindringt, kann es durch die Dehnung des Häutchens im ersten Moment etwas unangenehm sein und zu einer leichten Blutung kommen. Beides ist völlig normal.

Die inneren weiblichen Geschlechtsorgane

Sie bestehen aus der Scheide, der Gebärmutter und den Eileitern mit den beiden Eierstöcken.

Die *Scheide*, auch *Vagina* genannt, ist normalerweise eine ca. acht bis zehn Zentimeter lange röhrenförmige Körperöffnung, die aus sehr elastischem Muskelgewebe

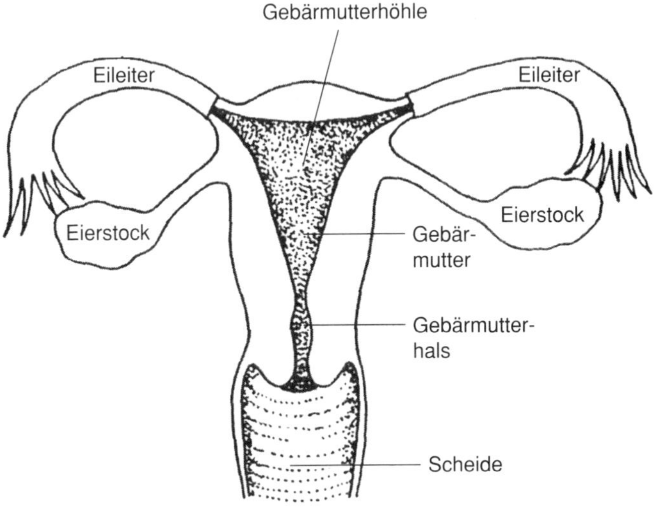

Innere Geschlechtsorgane

besteht. Innen ist die Scheide mit einer feuchten, gefälteten Schleimhaut ausgekleidet, die bei sexueller Erregung vermehrt eine wäßrige Substanz absondert, welche das Eindringen des Penis beim Geschlechtsverkehr erleichtert. Die Scheide reicht im oberen Teil vom äußeren Muttermund (unterster Teil des Gebärmutterhalses) bis zu ihrer Öffnung nach außen, dem Scheideneingang.

Die Scheide hat vier wichtige Aufgaben:

- Sie bildet die Verbindung zwischen den inneren und den äußeren Geschlechtsorganen der Frau, wodurch das Blut der monatlichen Regelblutung nach außen abfließen kann.
- Beim Geschlechtsverkehr nimmt die Scheide den Penis und den Samen des Mannes auf, so daß die Samenzellen in die Gebärmutter und von dort in die Eileiter gelangen können.
- Bei der Geburt stellt sie für das Kind den Weg aus der Fruchthöhle nach draußen dar.
- Und schließlich bildet sie eine Barriere für Infektionen. Dieser Körperbereich, der häufig ein wenig feucht ist, wäre ein idealer »Nährboden« für verschiedene Bakterien und Pilze, wenn es nicht in der Scheide selbst eine »natürliche Bakterienflora« gäbe, die ein Eindringen der schädlichen Keime verhindert.

Die *Gebärmutter* schließt an den oberen Teil der Scheide an. Sie liegt in der Mitte des Unterleibes und hat in etwa die Form und die Größe einer Birne. Sie besteht aus einem Hals, der direkte Verbindung zur Scheide hat, und einem darüber liegenden Körper.

In der inneren Wand des *Gebärmutterhalses* liegen viele Drüsen, die eine klare, durchsichtige, meist zähe Flüssigkeit absondern; sie verschließt wie ein Schleimpfropf den äußeren Muttermund (unterster Teil des Gebärmutterhalses). Innerhalb des Zyklus verändert diese Flüssigkeit ihre Konsistenz: Zur Zeit des Eisprungs wird sie dünner, so daß die männlichen Samenzellen leichter in die Gebärmutterhöhle aufsteigen können. Vor und nach dem Eisprung ist das Sekret fest und zäh und somit für die Samenfäden schwer oder gar nicht zu durchdringen. Durch die Beobachtung des Schleims kann in etwa der Zeitpunkt des Eisprungs bestimmt werden! Mehr dazu im Kapitel über die natürlichen Verhütungsmethoden (s. S. 72ff.).

Die Wand des *Gebärmutterkörpers*, den man auch Gebärmutterhöhle nennt, besteht aus einer kräftigen Muskelschicht, die innen von einer Schleimhaut ausgekleidet wird. Während des monatlichen Zyklus wird diese Schleimhaut auf- und abgebaut. Das hat folgenden Grund: Wird ein reifes Ei von einer Samenzelle befruchtet, bietet die aufgebaute Schleimhaut die Möglichkeit zur Eieinnistung und damit zur Entwicklung eines Kindes. Eine Blutung findet dann normalerweise nicht statt. Kommt es zu keiner Befruchtung, löst sich der größte Teil des Gewebes blutig ab und gelangt während der Regelblutung durch den Gebärmutterhals und die Scheide nach außen.

An den Seiten des Gebärmutterkörpers münden rechts und links die beiden *Eileiter*. Diese sind also mit der Gebärmutterhöhle verbunden, während sie zur Bauchhöhle rechts und links wie ein Trichter offen sind und die beiden Eierstöcke umfassen. Zur Zeit des Eisprungs legen sich die Eileiterenden mit ihren fingerförmigen Fortsätzen an die Stelle des Eierstocks, an der sich ein reifes Ei befindet, um es in sich aufzunehmen. Das aufgefangene Ei wird dann im Eileiter in Richtung Gebärmutterhöhle transportiert. Eine Befruchtung durch den männlichen Samen findet meistens im ersten Abschnitt des Eileiters statt. Das Ei ist ungefähr sechs bis zwölf Stunden befruchtungsfähig. In dieser Zeit müssen die Samenzellen die Eileiter erreicht haben.

Die *Eierstöcke*, die weiblichen Keimdrüsen, ähneln in ihrer Form einer Mandel. Die beiden Eierstöcke sind die Orte, wo die befruchtungsfähigen Eier heranreifen. Jeder Eierstock enthält bereits von Geburt an etwa 200 000 Eizellen, von denen jedoch nur wenige, ca. eine von tausend, während der Geschlechtsreife monatlich heranreifen. In jedem Zyklus gelangt meistens nur ein Ei zur vollen Reife, welches dann um den 12. bis 15. Zyklustag aus seiner Hülle (Follikel) herausspringt (*Eisprung* oder *Ovulation*) und über den Eileiter in die Gebärmutter gelangt (vgl. S. 31ff.).

Eine andere wichtige Funktion der Eierstöcke besteht in der Produktion der verschiedenen Geschlechtshormone (Östrogen, Progesteron), die neben dem Menstruationszyklus auch das Wachstum der weiblichen Geschlechtsorgane, die Ausprägung der Geschlechtsmerkmale in der Pubertät, die Einnistung und Ernährung des befruchteten Eies, aber auch den Knochen- und Hautstoffwechsel u. a. beeinflussen.

★

Wenngleich auch die *Brüste* der Frau keine Geschlechtsorgane im engeren Sinn sind, so haben sie doch als weibliches Geschlechtsmerkmal eine große Bedeutung, sowohl bei der Entwicklung des Mädchens zur Frau als auch für ihr sexuelles Empfinden. Die weibliche Brust besteht aus individuell angeordnetem Fett- und Bindegewebe, in das ca. 15 bis 20 verzweigte Milchdrüsen eingebettet sind, die normalerweise nach der Geburt eines Kindes ihre Milchproduktion aufnehmen. An der Brustspitze sitzt die Brustwarze, die umgeben wird vom rotbräunlich pigmentierten Warzenhof; die Warze und ihre Umgebung sind die empfindlichsten Stellen der Brust, die auf die zarteste Berührung sensibel reagieren. Wird die Brust durch Berührung sexuell erregt, verdicken sich die Brustwarzen, richten sich auf, und das gesamte Brustdrüsengewebe wird durch eine vermehrte Durchblutung straffer.

Anders als bei den Geschlechtsorganen kann für die weibliche Brust weder eine Normalgröße noch eine Normform angegeben werden; beide hängen vielmehr von der Konstitution (Körpergröße, Körperbau, individuellen Vererbungsfaktoren wie Verteilung von Fett- und Bindegewebe etc.) der einzelnen Frau ab. Ein »zu kleiner« bzw.

»zu großer« Busen sind also rein subjektive, ästhetische Wertungen, die häufig durch den jeweiligen Zeitgeschmack geprägt werden. Auch für die sexuelle Erregbarkeit spielen Form und Größe keine Rolle.
Versuchen Sie deshalb, Ihren Körper und Ihre Brüste so anzunehmen, wie sie sind.

Der männliche Körper

Obwohl auch der männliche Körper wie der weibliche Körper *äußere* und *innere Geschlechtsorgane* hat, sind diese ganz anders aufgebaut und haben eine andere Funktion. Anhand der folgenden Beschreibungen und Zeichnungen wollen wir versuchen, Ihnen den männlichen Körper etwas »näher zu bringen«.

Die äußeren männlichen Geschlechtsorgane

Dazu zählt das Glied, auch Penis genannt, und der Hodensack.

Über die Harn-Samenröhre, die durch den Penis verläuft, gelangen sowohl die Samenflüssigkeit als auch der Urin vom Körperinneren nach außen.

Der Penis besteht aus dem längeren Körper oder Schaft und der daraufsitzenden Eichel. Unter der Haut des Schaftes liegen drei Schwellkörper, die von Muskelfasern umgeben werden. Diese Schwellkörper bestehen hauptsächlich aus Blutgefäßen, die sich bei sexueller Erregung füllen und dadurch den Penis vergrößern, versteifen und aufrichten. Diesen Vorgang nennt man *Erektion* (Aufrichtung, Versteifung), die jedoch nicht nur durch sexuelle Erregung hervorgerufen wird, sondern beispielsweise auch durch den morgendlichen Blasendruck oder durch die Reibung an der Hose. Läßt die Erregung nach, entleeren sich die Blutgefäße, der Penis wird kleiner, entspannt und senkt sich wieder.

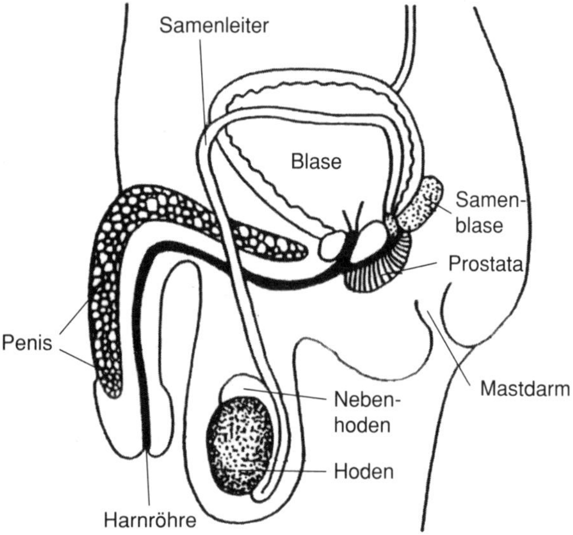

Innere und äußere männliche Geschlechtsorgane

Die *Eichel* ist die empfindlichste Stelle des Penis. Unter ihrer glatten Haut verlaufen zahlreiche Nervenenden, so daß sie auf jede Berührung, wie die Klitoris bei der Frau, sehr sensibel reagiert und sich dabei verdickt.

Was die Größe des Penis anbetrifft, verhält es sich ähnlich wie bei der weiblichen Brust: Länge und Umfang des Penis können je nach Konstitution (individueller Körperbau, Fett- und Muskelmasse) beträchtlich variieren. Es gibt also keine Normgröße, die in irgendeiner Weise die sexuelle Lust und Erregbarkeit beeinflußt. Auch die individuell mehr oder weniger ausgeprägte Größenzunahme des Penis bei der Erektion steht weder im Zusammenhang mit der Zeugungskraft (Potenz) noch mit der sexuellen Erregung.

Im *Hodensack* liegen die beiden Hoden mit ihren jeweiligen Samensträngen, in denen die beiden Samenleiter gemeinsam mit Blutgefäßen, Nerven und Muskeln in die Bauchhöhle ziehen. Die Haut des Hodensackes ist pigmentiert. Er stellt einerseits einen Schutz der druck- und stoßempfindlichen Hoden dar, und zum anderen wirkt er als Temperaturregler für die temperaturempfindlichen Samen in den Hoden. Da diese eine etwa gleichbleibende Temperatur benötigen, ist der Hodensack in der Lage, durch Zusammenziehen bzw. Ausdehnen die Innentemperatur in den Hoden zu regulieren.

Die inneren männlichen Geschlechtsorgane

Dazu gehören die Hoden mit den Nebenhoden, der Samenleiter, die Vorsteherdrüse, die Samenbläschen und die Samenstränge.

Die beiden *Hoden* sind die männlichen Keimdrüsen. Sie liegen getrennt, der eine meist etwas höher als der andere, im Hodensack. Jeder Hoden hat die Form und die Größe eines leicht abgeplatteten Hühnereies und wiegt ungefähr 30 Gramm.

Wie die weiblichen Eierstöcke haben auch die männlichen Keimdrüsen zwei unterschiedliche Aufgaben: Zum einen produzieren sie die Samenzellen, die anschließend über eine Art Kanalsystem in die benachbarten Nebenhoden transportiert werden. Zum anderen produzieren sie die männlichen Geschlechtshormone (*Testosteron*), welche die Samenbildung, die Entwicklung der Geschlechtsorgane und die Ausbildung der männlichen Geschlechtsmerkmale fördern.

Die Hoden bestehen aus einem dichten Knäuel von *Samenkanälchen*, an deren Innenwänden die eigentlichen *Keimzellen* liegen. Aus denen gehen durch mehrfache Zellteilungen die reifen Samenzellen hervor. Durch dieses Kanalsystem werden die Samenzellen dann in die Nebenhoden transportiert, wo sie bis zum nächsten Samenerguß (*Ejakulation*) liegenbleiben.

Die reifen *Samenfäden* sind ungefähr 60 Mikrometer lang. Sie bestehen aus Kopf, Hals, Mittelstück und Schwanz. Der Kopf ist oval und birnenförmig und enthält den Zellkern, in dem die Vererbungsmasse (*Chromosomen*)

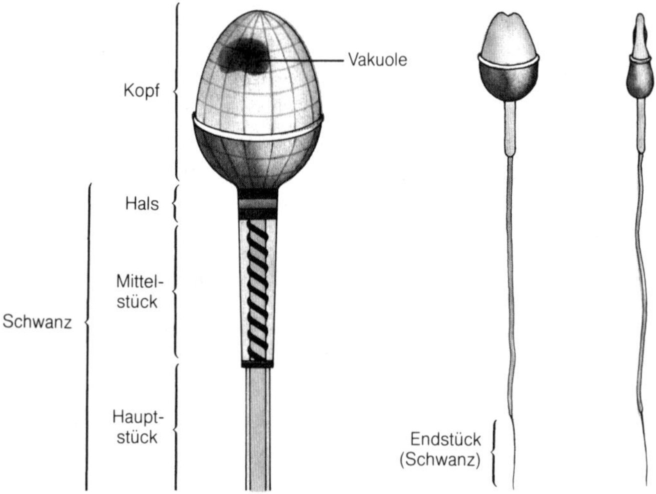

Schematische Darstellung eines Samenfadens

Aus »Klinik der Frauenheilkunde und Geburtshilfe« in 12 Bd. Hrsg. von K.-H. Wulf/H. Schmidt-Matthiesen, Verlag Urban & Schwarzenberg, München, 2. Auflage 1985

liegt. Mit Hilfe des beweglichen Schwanzes bewegen sie sich nach der Ejakulation in der Scheide durch den Muttermund, in die Gebärmutter und weiter in die Eileiter, wo sie zwei bis drei Tage befruchtungsfähig bleiben.

Zwischen den Keimzellen bzw. zwischen den Samenkanälchen liegen die Zellen, die unter dem Einfluß der Hirnanhangsdrüse die männlichen Geschlechtshormone bilden.

Die *Nebenhoden* liegen wie eine Kappe auf den Hoden und haben hauptsächlich als Samenspeicher Bedeutung. Wie die Hoden bestehen auch sie aus einem Gangsystem, welches mit den Hodenkanälchen verbunden ist. In diesen Sammelgängen nehmen die Nebenhoden die Samenzellen auf, durch die diese dann mehrere Wochen hindurchwandern, während sie gleichzeitig weiterreifen.

Anschließend gelangen die Samen aus dem rechten und linken Nebenhoden in die beiden *Samenleiter*. Die Samenleiter sind zwei dünne, röhrenartige Gänge, die die Fortsetzung der Nebenhodengänge bilden. Sie ziehen in Richtung Vorsteherdrüse, wo sich beide Samenleiter vereinigen und in die Harnröhre münden. Jetzt stellt die Harnröhre den Transportweg für die Samen dar, weshalb sie auch *Harn-Samenröhre* genannt wird. Damit sich an der Vereinigungsstelle von Samenleiter und Harnröhre der Urin und die Samenflüssigkeit nicht miteinander mischen, sitzt an dieser Stelle ein Ventil.

Die Vorsteherdrüse, auch *Prostata* genannt, liegt im Unterbauch unterhalb der Blase, ungefähr an der gleichen Stelle, wo sich die Gebärmutter bei der Frau befindet. Sie hat die Größe und die Form einer Kastanie und besteht aus mehreren Einzeldrüsen, die ein milchiges Sekret produzieren. Bei der Ejakulation vermischt sich dieses Sekret mit dem Sekret der Bläschendrüsen und den Samen. Diese Mischung nennt man *Sperma*.

Die *Samenbläschen* sind zwei kleine Drüsen, die am Ende der Samenleiter liegen, kurz bevor diese in der Prostata in die Harn-Samenröhre münden. Die Samenbläschen produzieren den Hauptteil der Spermaflüssigkeit, die notwendig ist für die Ernährung und die Beweglichkeit der Samen.

An der Schwelle zum Erwachsensein

...verändern sich Kinder innerhalb weniger Jahre geistig und körperlich. Diese Zeit liegt ungefähr zwischen dem zehnten und siebzehnten Lebensjahr, bei dem einen früher, bei dem anderen etwas später. In diesem Lebensabschnitt, den man auch Pubertät nennt, entwickelt sich die *Geschlechtsreife*.

Die Pubertät bringt eine Menge Veränderungen mit sich, die neue Gefühle, Wünsche, Vorstellungen und Reaktionen hervorrufen, aber auch neue Anforderungen stellen. Nicht selten kommt es in dieser Zeit zu Unsicherheiten und Ablehnung gegenüber dem eigenen Körper und der eigenen Person. Sie sollten sich in dieser Lebensphase viel Zeit und vielleicht auch Hilfe nehmen, um sich mit diesen inneren und äußeren Veränderungen auseinanderzusetzen und sie zu akzeptieren.

Alle diese Veränderungen treten natürlich nicht von einem Tag auf den anderen ein, sondern entwickeln sich über einen Zeitraum von einigen Jahren. Bevor die ersten Anzeichen der Geschlechtsreife äußerlich sichtbar werden, passiert einiges im kindlichen Körper: Ausgangspunkt für diese Vorgänge ist die sogenannte *Hirnanhangsdrüse*, die an der Unterseite des Gehirns liegt.

Sie ist in etwa so groß wie eine Bohne und wiegt weniger als ein Gramm. Diese kleine Drüse produziert verschiedene Botenstoffe, die man auch *Hormone* nennt. So fördert zum Beispiel das *Wachstumshormon* das verstärkte Knochenwachstum der Jugendlichen. Für viele andere körperliche Veränderungen und Vorgänge sind die Geschlechtshormone verantwortlich: Durch den Befehl der Hirnanhangsdrüse werden die Geschlechtsdrüsen, beim Mädchen die Eierstöcke und beim Jungen die Hoden, aktiv und produzieren eigene Hormone. Beim Mädchen werden das sogenannte *Östrogen* und *Progesteron* in den Eierstöcken produziert, die neben anderen Funktionen die meisten Veränderungen des reifenden Körpers bewirken, wie beispielsweise das Wachsen der Schamhaare, die Vergrößerung der Brust, der Scheide, der Gebärmutter und der Eierstöcke.

Beim Jungen ist es besonders das Hormon *Testosteron*, welches wichtig ist, damit sich die männlichen Geschlechtsmerkmale entwickeln, aber auch damit beispielsweise die Samenproduktion und -reifung erfolgt.

Neben den körperlichen Veränderungen kommt es aber auch zu emotionalen und seelischen Veränderungen. Stimmungen und Launen wechseln häufig; mal fühlt man sich voller Energie allen Aufgaben gewachsen, mal reagiert man auf jede Bemerkung empfindlich. Man fühlt sich weder als Kind noch als Erwachsener. Die Rolle, die man während dieser Zeit in seiner Umgebung spielt, ist nicht so fest definiert wie die eines Kindes oder eines Erwachsenen. Man sucht in dieser Zeit seinen eigenen Stil, probiert vieles aus und entwickelt und formt seine innere und äußere Persönlichkeit. Dabei orientiert man sich an Eltern, Geschwistern, Freunden, Idolen aus Musik, Film, Sport etc.

Unter dem stärkeren Einfluß der Hormone werden auch die sexuellen Gefühle und Wünsche intensiver und häufiger. In dieser Zeit ist es sehr wichtig, daß Eltern ihren Kindern gegenüber besonders viel Verständnis und Offenheit zeigen und sie auf diese Veränderungen und ihre Ursachen vorbereiten, mit ihnen Fragen stellen und beantworten und Probleme gemeinsam zu lösen versuchen. Auch ist es wichtig, den Jugendlichen zu versichern, daß alle diese früher oder später eintretenden Veränderungen ganz natürlich sind auf dem Weg des Erwachsenwerdens.

Wie verändert sich das Mädchen während der Pubertät?

Meist bemerken die Mädchen die Veränderungen eines Tages beim Waschen oder im Spiegel. Das kann bei einigen Mädchen schon mit neun oder zehn Jahren sein, bei anderen erst mit 14 oder 15 Jahren. Beides ist normal, da der Beginn der Geschlechtsreife individuell sehr unterschiedlich ist.

Zunächst beginnen die Brüste zu wachsen. Im Laufe der Monate bzw. Jahre entwickelt sich ein mehr oder weniger großer *Busen*.

Auf dem Schamhügel, um die Schamlippen und die Scheidenöffnung wachsen die ersten *Schamhaare*, die zunächst glatt, später kraus sind. Genauso wie die Haare auf dem Kopf bei jedem Menschen anders sind, unterscheiden sich auch die Schamhaare in Menge und Farbe: Bei dem einen Mädchen ist die Schambehaarung stärker ausgeprägt, bei einem anderen schwächer, bei einem ist sie blond, bei einem anderen schwarz. Etwas später werden die Schamlippen größer. Auch in den Achselhöhlen sind jetzt die ersten Haare zu beobachten. Ebenso ändern sich die Körperformen: Durch die Umverteilung des Fettgewebes bekommt der Körper die typisch weibliche Form. Die Hüften werden breiter; Brüste, Schultern und das Gesäß werden runder. Dadurch nimmt auch das Körpergewicht in dieser Zeit zu.

Bei manchen Mädchen wird die Haut aufgrund der Hormonumstellung vorübergehend fettiger, manche bekommen Pickel, die jedoch meist nach der Pubertät völlig verschwinden. In den seltensten Fällen kann man wirklich etwas dagegen tun.

Tip: Versuchen Sie, Ihr Gesicht morgens und abends mit einem milden, alkoholfreien Gesichtswasser zu reinigen, um die häufig mit Fett und Talg verstopften Poren zu öffnen. Tagsüber können Sie mit einer feuchtigkeitsspendenden Creme den Feuchtigkeitsbedarf der eher fettigen Haut unterstützen.

Auch die inneren Organe verändern sich: Die Scheide, die Gebärmutter und auch die Eierstöcke werden größer. Die Eierstöcke nehmen jetzt ihre Funktion auf, in dem sie eigene Hormone produzieren und die seit der Geburt bereitliegenden Eizellen heranreifen lassen. Das hat zur Folge, daß die erste Regelblutung (*Menstruation*) einsetzt. Sie ist ein eindrucksvolles und wichtiges Erlebnis im Reifungsprozeß, auf das Sie sich als junges Mädchen vorbereiten sollten.

Von diesem Ereignis und seinen Ursachen wird später (s. S. 31ff.) noch ausführlicher die Rede sein.

Wie verändert sich der Junge während der Pubertät?

Bei den Jungen beginnt die Pubertät meist zwischen dem zwölften und dreizehnten Lebensjahr. Aber wie bei den Mädchen kann auch hier der Beginn individuell sehr schwanken, so daß die Zeitspanne meist zwischen dem zehnten und sechzehnten Lebensjahr liegen kann.

Auch bei den Jungen ist die Pubertät durch ein *verstärktes Wachstum* gekennzeichnet. Zunächst wächst der junge Mann mehr in die Länge, um im Laufe der Zeit durch Zunahme der Breite die typisch männliche Form zu bekommen. Die Schultern werden breiter als die Hüften, der Brustumfang nimmt zu, und die Muskeln an Armen, Beinen und Schultern werden stärker und sichtbarer.

Unter den Achseln, an Armen und Beinen, um Penis und Hoden herum, und bei einigen auch auf der Brust, beginnen *Haare* zu wachsen. Männer haben im allgemeinen eine stärkere *Behaarung* als Frauen. Am deutlichsten ist das bei der Gesichtsbehaarung: Die ersten Flaumhaare über der Oberlippe werden sichtbar, doch dauert es normalerweise Jahre, bis daraus ein (voller) Bart wird. Die Haut wird wie bei den Mädchen fettiger; häufig treten Pickel im Gesichts-, Hals- oder Rückenbereich auf, die jedoch meistens nach der Pubertät wieder verschwinden. Man schwitzt öfter und mehr, weil die Schweißdrüsen jetzt vermehrt arbeiten.

Gleichzeitig mit dem Wachsen der Geschlechtsorgane vergrößern sich beim Jungen auch der Kehlkopf und die Stimmbänder. Die hohe Stimmlage des Knaben wechselt zur tieferen Stimme des Mannes. Dieser Übergang geht nicht ganz lautlos vor sich: Beim Artikulieren der verschiedenen Laute eines Wortes bricht die Stimme häufig um (*»Stimmbruch«*), und die Stimmlage ist mal hoch, mal tief. Auch bei den Mädchen wird in der Pubertät der Kehlkopf größer, so daß die relativ hohe kindliche Stimmlage in eine etwas tiefere und vollere übergeht.

Die männlichen *Geschlechtsorgane*, der Penis und die Hoden, werden unter Einwirkung der Sexualhormone größer. Zu diesem Zeitpunkt kann auch der erste Samenerguß erfolgen, zum Beispiel wenn man nachts träumt (»feuchter Traum«), phantasiert oder auch wenn man erregt ist. Dieses Ereignis ist, wie für die Mädchen die Menstruation, das Zeichen der Geschlechtsreife.

Wichtig ist, daß man den Jugendlichen Zeit gibt, sich langsam mit diesen Veränderungen ihres Körpers und ihrer Gefühle vertraut zu machen. Nicht nur sie selbst müssen versuchen, ihre »neue Rolle« zu akzeptieren, sondern ebenso Eltern, Geschwister und Lehrer.

Es ist eine ganz normale Reaktion, Veränderungen am eigenen Körper zunächst etwas skeptisch zu betrachten. Dennoch reagiert jedes Mädchen und jeder Junge ganz unterschiedlich auf die ersten Zeichen des Erwachsenwerdens.

Diese Veränderungen vom Kind bzw. Jugendlichen zum Erwachsenen sind die Voraussetzung dafür, daß ein Mann Kinder zeugen und daß eine Frau schwanger werden kann. Während dieser körperlichen Entwicklung ändert sich noch vieles andere: Die Jugendlichen lösen sich mehr und mehr von ihren Eltern und werden selbständiger; sie entwickeln ihren eigenen Geschmack, und das Interesse und die Neugierde auf alles Geschlechtliche nehmen zu. Meistens macht man in dieser Zeit seine ersten Annäherungsversuche: Man ist das erste Mal verliebt, man küßt zum ersten Mal, und irgendwann kommt es auch zum ersten Geschlechtsverkehr. Die Jugendlichen sollten sich viel Zeit nehmen, all diese neuen Erfahrungen zu erleben. Dazu gehört auch, daß man lernt, zu seinen eigenen Wünschen zu stehen: daß man zum Beispiel auch nein sagen kann, wenn man sich noch zu jung fühlt, um miteinander zu schlafen.

● Ist man in einem bestimmten Alter »noch zu jung« für den Geschlechtsverkehr?

Liebe und damit auch Sexualität entziehen sich der Rationalität. Für sie gibt es kein festes Datum, wie den ersten Schultag; keine Gebrauchsanweisung, nach der verfahren werden könnte. Während der Körper vom Kind zum Erwachsenen reift, kreisen die Gedanken der Jugendlichen um Liebe und Sexualität; und die Frage, wann es »das erste Mal« sein soll, gewinnt immer mehr an Raum. Doch jeder einzelne muß seinen individuellen Weg zur körperlichen Liebe finden. Nicht immer ist es für den jungen Menschen leicht, sich von den gesellschaftlichen Zwängen der Umgebung freizumachen. Während die Eltern meist darauf drängen, mit dem Geschlechtsverkehr nicht zu früh zu beginnen, wird von den Altersgenossen gegenteiliger Druck ausgeübt »Was, du hast noch nicht?«, oder der Freund droht die Aufkündigung der Freundschaft an.

Für das eine Mädchen ist der Zeitpunkt für Geschlechtsverkehr vielleicht bereits mit sechzehn Jahren gekommen, ein anderes Mädchen im Alter von neunzehn fühlt sich möglicherweise noch zu jung, oder ein drittes wartet auf den Mann fürs Leben.

Geschlechtsverkehr ist nicht die einzige Möglichkeit, seinem Freund oder seiner Freundin körperlich näher zu kommen: Händchen halten, Umarmen, Streicheln, Küssen, Petting – auch ohne Geschlechtsverkehr kann man dem anderen körperlich nahe sein.

Was ist wichtig, wenn es »das erste Mal« ist?

Wichtig ist, daß eine Schwangerschaft ausgeschlossen werden muß. Sie würde das Paar, vor allem das Mädchen, in viele Probleme und seelische Konflikte stürzen. Junge Menschen, die Geschlechtsverkehr wünschen, sollten sich vertrauensvoll an ihre Eltern, an ihren Freundeskreis oder ihren Arzt wenden. Dies kann auch der Kinderarzt sein, der die Jugendlichen vielleicht am besten kennt.

Anders als in der Tierwelt ist das sexuelle Empfinden beim Menschen losgekoppelt vom Fortpflanzungstrieb. In jedem Zyklus kann es also normalerweise zu einer Befruchtung bzw. Schwangerschaft kommen.

Wichtig ist, daß die Jugendlichen wissen, wie und warum sich ihr Körper verändert. In dieser Zeit sprechen verantwortungsbewußte Eltern mit ihren heranwachsenden Kindern über ihren Körper und seine Funktionen sowie über ihre Gefühle und sexuellen Wünsche und über die Möglichkeiten einer sicheren Empfängnisverhütung offen und ohne Scham. Nicht immer wird man alle Fragen in einem Gespräch klären können; Eltern sollten ihren Kindern das Gefühl vermitteln, daß sie jederzeit mit allen Fragen und Problemen zu ihnen kommen können.

Der monatliche Zyklus

Früher…

In früheren Jahrhunderten war die monatliche Regelblutung, die Menstruation, ein absolutes gesellschaftliches Tabu. Frauen galten während der Menstruation als »unrein«; man beschuldigte sie gar, in dieser Zeit für Unglück und Katastrophen verantwortlich zu sein. Oft vermittelte man ihnen das Gefühl, sich schmutzig, unsauber oder minderwertig fühlen zu müssen.

Heute…

…ist das zwar vorbei, aber auch in unserer Gesellschaft ist die Menstruation vielfach noch immer ein Tabuthema, und nur wenige Menschen können frei darüber sprechen. Die vielen Umschreibungen machen dies deutlich: »seine Tage haben«, »sich unpäßlich fühlen« und ähnliches mehr.

Für viele Frauen und Mädchen ist es schwierig, mit ihrem Partner über die Menstruation und ihre dabei auftretenden körperlichen und seelischen Veränderungen zu reden. Nur wenige Männer haben wirklich Interesse und Verständnis für die Situation der Frau während dieser Zeit.

Die Menstruationsblutung bereitet vielen Frauen besonders in den ersten Tagen ziehende oder krampfartige Schmerzen. Diese Schmerzen treten meist im Unterbauch oder im Rücken auf und sind dadurch zu erklären, daß sich die Gebärmutter abwechselnd zusammenzieht und wieder entspannt, damit sich durch diese Bewegung die während des Zyklus aufgebaute Schleimhautschicht ablösen kann.

Wichtig: Betrachten Sie Ihre Menstruation als einen völlig normalen Vorgang in Ihrem Körper. Da dieser individuell sehr unterschiedlich empfunden wird, sollten Sie in dieser Zeit ganz besonders sensibel mit Ihren körperlichen und seelischen Bedürfnissen umgehen. Einige Frauen sind aktiv und leistungsfähig wie an anderen Tagen, andere fühlen sich nicht so fit und motiviert und sollten – wenn möglich – mehr Ruhepausen einlegen als sonst.

Im folgenden wird auf das Geschehen, wie und warum es überhaupt alle vier Wochen im weiblichen Körper zu diesen Veränderungen kommt und welche weiteren Umstellungen damit verbunden sind, näher eingegangen werden.

Wie lange dauert der monatliche Menstruationszyklus?

Unter Menstruationszyklus versteht man die Zeitspanne vom ersten Tag der monatlichen Blutung bis zum letzten Tag vor der nächsten Regelblutung.

Die Dauer eines Zyklus ist von Frau zu Frau verschieden und kann zwischen 25 bis 35 Tagen betragen. Auch ist es normal, wenn die einzelnen Zyklen bei derselben Frau unterschiedlich lang sind; z. B. wenn er im Mai 30 Tage und im Juni nur 25 Tage lang ist. Häufig sind körperliche und/oder seelische Umstellungen wie Freude, Sorgen und Streß, eine Reise oder auch die Zeit während der Pubertät Ursache dieser Zyklusschwankungen, über die man sich zunächst keine Gedanken machen sollte.

Was geschieht bei der Menstruation?

Normalerweise finden im Vier-Wochen-Rhythmus im weiblichen Körper die gleichen Veränderungen statt, die die Bedingungen für eine mögliche Schwangerschaft schaffen. Alle vier Wochen reift ein befruchtungsfähiges Ei in den Eierstöcken heran. Gleichzeitig wird die Schleimhaut der Gebärmutter so umgewandelt, daß sich das Ei, wenn es befruchtet worden ist, dort einnisten kann.

Der Menstruationszyklus wird in zwei Phasen eingeteilt: Die erste Phase, die sogenannte *Follikelphase* vor dem Eisprung, und die zweite Phase, die sogenannte *Gelbkörperphase* nach dem Eisprung.

Der *Eisprung,* auch *Ovulation* genannt, findet ungefähr in der Mitte des Zyklus, also zwischen diesen beiden Phasen statt, meist vierzehn oder fünfzehn Tage, bevor die nächste Menstruation eintritt.

Erste Phase: In der *Follikelphase* werden von den Eierstöcken bis zum Eisprung vermehrt Östrogene produziert. Diese Östrogene sind die weiblichen Geschlechtshor-

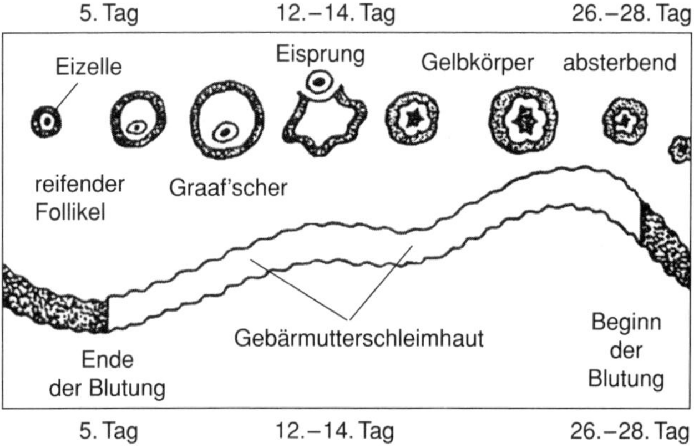

Hormoneller Zyklusverlauf

mone, die zum großen Teil am Aufbau und der Funktion des weiblichen Körpers beteiligt sind. In dieser Zyklusphase bauen sie einerseits die Gebärmutterschleimhaut auf, andererseits bewirken sie gleichzeitig, daß in den Eierstöcken mehrere Eier in ihren Hüllen, den sogenannten Follikeln, heranreifen. Von diesen wird dann ein Ei reif und springt ungefähr am vierzehnten oder fünfzehnten Zyklustag aus seiner Hülle heraus. Diesen Zeitpunkt nennt man *Ovulation*.

Zweite Phase: Nach der Ovulation spricht man von der *Gelbkörperphase*. Nachdem nun das reife, gesprungene Ei an die Oberfläche des Eierstockes gelangt ist, wird es von einem der beiden Eileiterenden aufgenommen und zur Gebärmutterhöhle transportiert. In den Eileitern vollziehen sich innerhalb weniger Stunden die letzten Reifungsschritte, damit die Eizelle von den männlichen Samenzellen, wenn Geschlechtsverkehr stattgefunden hat, befruchtet werden kann. Aus der geplatzten Eihülle, dem Follikel, bildet sich in der zweiten Zyklushälfte der sogenannte Gelbkörper, der das Gelbkörperhormon Progesteron produziert. Dieses bewirkt, daß die Gebärmutterschleimhaut mit Drüsen und Blutgefäßen noch weiter aufgebaut wird und so für die Ei-Einnistung vorbereitet ist.

Findet jedoch innerhalb von sechs bis zwölf Stunden, in denen eine Befruchtung der Eizelle nur möglich ist, keine Befruchtung statt, bildet sich der Gelbkörper zurück, so daß auch die Progesteron-Produktion nachläßt. Dadurch wird die Schleimhaut nicht mehr weiter aufgebaut, und die oberste Schicht wird nach und nach abgestoßen. Dies geschieht ungefähr zwölf bis fünfzehn Tage nach dem Eisprung und wird als monatliche Regelblutung – die Menstruation – sichtbar.

Während der drei- bis siebentägigen Menstruation wird das aufgebaute Schleimhautgewebe zusammen mit Blut und Genitalsekreten (Absonderungen aus Scheide und Scheideneingang) abgestoßen. Zwei Drittel der Flüssigkeit werden in den ersten beiden Tagen ausgeschieden. Insgesamt sind es im Durchschnitt zwischen 50 und 150 ml Blut, was ungefähr der Menge einer halben bis eineinhalb Tasse(n) entspricht. Normalerweise hat dieser monatliche Blutverlust keine gesundheitlichen Auswirkungen, wie manchmal noch angenommen wird. Lediglich bei sehr starken Regelblutungen kann es zu einer Blutarmut, einer Anämie, kommen, die jedoch meist, entweder durch vermehrten Fleischverzehr oder Eisentabletten, ausgeglichen werden kann. Mit dieser monatlichen Gewebeabstoßung bereitet sich der Körper auf den bald folgenden Beginn einer neuen Follikelphase vor.

Wie wird der monatliche Zyklus geregelt?

Die Steuerung dieses recht komplizierten (hormonellen) Vorgangs wird von der sogenannten Hirnanhangsdrüse geregelt, die an der Unterseite des Gehirns liegt. Sie beeinflußt die weiblichen Organe, indem sie »je nach Bedarf« die Produktion der verschiedenen Hormone entweder fördert oder hemmt.

Was verändert sich während des Zyklus, und wie kann ich diese Veränderungen wahrnehmen?

Wichtig: Damit Sie die natürlichen Verhütungsmethoden richtig und sicher anwenden können, sollten Sie die Veränderungen, die während des Zyklus in Ihrem Körper ablaufen, kennen. Einige dieser Veränderungen können Sie selbst messen und beurteilen (Körpertemperatur, Schleim des Gebärmutterhalses); sie dienen Ihnen zum Beispiel als Hinweise auf den bevorstehenden oder stattgefundenen Eisprung. Dadurch können Sie feststellen, wann Ihre fruchtbaren bzw. unfruchtbaren Tage sind.

Auch wenn Sie eine andere Methode anwenden, ist es für Sie sicher interessant, die körperlichen und seelischen Veränderungen im Monatsverlauf zu beobachten: Durch die monatlichen Schwankungen der Hormone werden bestimmte Abläufe im Körper wie z. B. die Basaltemperatur (die Körpertemperatur, die man morgens vor dem Aufstehen mißt), der Gebärmutterschleim, aber auch der Kreislauf und die Psyche verändert. Wie stark jede Frau diese Beeinflussung wahrnimmt, ist individuell sehr unterschiedlich. Es gibt z. B. Frauen, die ihre bevorstehende Menstruation oder sogar ihren Eisprung ganz genau spüren. Und es gibt ebenso Frauen, die sich während der Regelblutung genauso fit und gesund fühlen wie an anderen Tagen und keine Veränderungen wahrnehmen.

Die ersten 14 Tage nach Beginn der Regel, die sogenannte *Follikelphase*, werden aufgrund der hohen Östrogenkonzentration auch als *Östrogenphase* bezeichnet. Die Östrogene haben auf das allgemeine und psychische Wohlbefinden eine eher positive Wirkung: Sie fühlen sich wohl und leistungsfähig. Die Basaltemperatur ist während dieser Phase gleichbleibend niedrig bei ungefähr 36,5 Grad Celsius. Viele von Ihnen werden ein bis zwei Tage vor der Ovulation einen Abfall der Temperatur verzeichnen, wenn die Östrogenkonzentration am höchsten ist.

Der bevorstehende Eisprung kündigt sich dadurch an, daß vermehrt Schleim im Gebärmutterhals produziert wird.

Tip: Versuchen Sie einmal, diesen Schleim zwischen zwei Fingern in langen Fäden auseinanderzuziehen. Ist dies gut möglich, ist der Schleim relativ dünn und wäßrig, dann können ihn die Spermien leicht passieren. Sie befinden sich in der fruchtbaren Phase.

Die Erhöhung der Basaltemperatur um ca. 0,4 bis 0,6 Grad Celsius ein bis zwei Tage nach dem Eisprung ist auf das ansteigende Progesteron des Gelbkörpers zurückzuführen. Die Temperatur bleibt während der gesamten Gelbkörperphase, also dreizehn bis vierzehn Tage, erhöht und fällt erst kurz vor der nächsten Menstruation wieder ab. Einige Frauen nehmen ihren Eisprung auch dadurch wahr, daß sie in der Mitte ihres Zyklus ziehende Schmerzen im rechten oder linken Unterbauch verspüren. Er soll durch die dem Eisprung vorausgehende Wandspannung des Eifollikels hervorgerufen werden. Andere Frauen bemerken eine leichte Blutung (Mittelblutung), die aufgrund der absinkenden Östrogenmenge kurz vor der Ovulation eintreten kann.

Nach dem Eisprung, in der *Gelbkörperphase*, nimmt die Östrogenmenge wieder ab. Das kann bei einigen Frauen dazu führen, daß sie depressiver, leichter reizbar oder auch antriebs- und leistungsschwächer als sonst sind. Auch die Libido (Sexualtrieb) kann im Gegensatz zur ersten Hälfte des Zyklus herabgesetzt sein.

An die Gelbkörperphase schließt sich die *Menstruation* an. Die dabei auftretenden Schmerzen sind um so intensiver, je stärker und häufiger sich die Gebärmutter zusammenzieht. Dies ist besonders in den ersten Tagen der Blutung der Fall, wenn das meiste Blut ausgeschieden wird. Für die abwechselnde An- und Entspannung der Gebärmutter sind bestimmte Gewebestoffe verantwortlich, die gleichzeitig auch die Schmerzempfindungen vermitteln. Ebenso sind Übelkeit, Erbrechen und Kopfschmerzen auf die Wirkung dieser Stoffe zurückzuführen.

Tip: Statt sofort zu einem schmerzstillenden Medikament zu greifen, können Sie versuchen, durch eine bewußte regelmäßige und ruhige Bauchatmung den Schmerz »aktiv« zu lindern.

Weitere Informationen über die monatlichen Veränderungen und ihre »Anwendung« erfahren Sie im Kapitel über die natürlichen Methoden (vgl. S. 72ff.).

Zum Schluß noch eine wichtige Frage:

Was soll ich tun, wenn die Regelblutung ausbleibt?

Sowohl körperliche als auch seelische Gründe bzw. Veränderungen können durchaus die Blutung einmal zwei bis drei Wochen verzögern. Diese Veränderungen sind in der Pubertät besonders ausgeprägt, doch wird auch später jede Frau die Erfahrung machen, daß beispielsweise durch eine Reise, einen Umzug, durch Streß oder Prüfungsangst, aber auch durch Freude, die gewohnte Blutung ausbleiben kann.

Haben Sie jedoch im letzten Zyklus ungeschützten Geschlechtsverkehr gehabt und haben nun Sorge, Sie seien schwanger, weil Ihre Blutung nicht eintritt?

Schritt 1: Versuchen Sie nachzurechnen, an welchem Tag der Geschlechtsverkehr stattgefunden hat und ob er in die fruchtbare Zeit fiel. Wenn Sie mit der Temperatur-, Schleimstruktur- oder symptothermalen Methode (siehe dazu S. 75ff.) vertraut sind, und diese im letzten Zyklus aufgezeichnet haben, ist das relativ einfach für Sie.

Schritt 2: Warten Sie also zunächst einmal ab, und messen Sie die Temperatur jeden Morgen weiter.

Schritt 3: Dauert die höhere Temperatur der zweiten Zyklushälfte länger als 20 Tage, ist zu 99 Prozent eine Schwangerschaft anzunehmen. Jetzt sollten Sie zu Ihrem Arzt gehen, der mit einer Blut- bzw. Ultraschalluntersuchung ganz sicher eine Schwangerschaft bestätigen (oder auch ausschließen) kann.

Haben Sie allerdings weder Ihre Temperaturkurve noch die Schleimstruktur aufgezeichnet, kann die nachträgliche Ermittlung der fruchtbaren Tage etwas schwierig werden. Dennoch sollten Sie zunächst einige Tage abwarten.

Tritt die Blutung nach circa acht bis zehn Tagen immer noch nicht ein, gibt es sogenannte *»Schwangerschafts-Schnelltests«*, die relativ früh, am fünften bis zehnten Tag nach der erwarteten Blutung, eine Schwangerschaft anzeigen (95 Prozent) bzw. ausschließen können. Diese Tests können Sie in der Apotheke, ohne Rezept, für ungefähr DM 30 kaufen und anhand einer Gebrauchsanweisung selbst durchführen. Dabei wird die Menge eines bestimmten »Schwangerschaftshormons« (welches nur während der Schwangerschaft vom Embryo bzw. von der Plazenta gebildet wird) im Urin gemessen. Zeigt der Test eine Schwangerschaft an, sollten Sie diese in jedem Fall von Ihrem Arzt durch eine Blut- bzw. Ultraschalluntersuchung bestätigen lassen.

Müssen Sie aus irgendwelchen Gründen – zum Beispiel weil Sie eine längere Reise geplant haben, die bestimmte Impfungen erforderlich macht, oder weil Sie bestimmte Medikamente einnehmen – noch schneller Gewißheit darüber haben, ob Sie schwanger sind oder nicht, gehen Sie zu Ihrem Arzt, der mit einer Blutuntersuchung schon vor Ausbleiben der Menstruation eine Schwangerschaft feststellen kann! Das ist ungefähr ein bis zwei Wochen, nachdem das Ei von der Samenzelle befruchtet worden ist (*Konzeptionstermin*) möglich.

Schritt 4: Hat der Arzt Ihnen eine Schwangerschaft bestätigt, und Sie können sich nicht oder zunächst nicht darüber freuen?

Wir empfehlen Ihnen: Handeln Sie nicht überstürzt. Versuchen Sie, nicht in Panik zu geraten. Schlafen Sie einige Nächte über die Mitteilung. Sprechen Sie mit Ihrem Partner, Ihrer Familie und Ihnen vertrauten Personen. Wenn Sie sich weiterhin nicht entscheiden können und unsicher sind, sollten Sie eine Beratungsstelle aufsuchen. Dort wird man versuchen, Ihnen zu helfen, egal, ob Sie meinen, das Kind annehmen zu können oder nicht.

Fortpflanzung und einiges mehr

Um die verschiedenen Methoden der Schwangerschaftsverhütung zu verstehen, ist es erst einmal für jeden wichtig und interessant zu wissen, wie es überhaupt zu einer Schwangerschaft kommt, wie sie entsteht und welche Organe dabei mitwirken.

Den Körper gemeinsam erleben

Jeder erlebt die körperliche Annäherung bis zur körperlichen Vereinigung anders. Dennoch läßt sich das sexuelle Erleben anhand von phasenhaft verlaufenden körperlichen Reaktionen und Veränderungen allgemein beschreiben.

Sehen Sie diesen Erregungsablauf weder als Norm noch als Idealbild, da die sexuellen Reaktionen bei jedem völlig unterschiedlich und auch beim einzelnen jedesmal wieder anders ablaufen.

Die erste Phase der sexuellen Erregung (*Erregungsphase*) ist für die Frau von besonderer Bedeutung. Die weiblichen Geschlechtsorgane werden bei der sexuellen Stimulation auf die körperliche Vereinigung »vorbereitet«. Die Drüsen beginnen, in der Scheideninnenwand eine klare Flüssigkeit abzusondern, die das Einführen des Penis erleichtert. Mit fortschreitender Erregung vergrößert sich die Vagina in ihrer Breite und Länge. Dauert die sexuelle Stimulation an, vergrößert sich die Gebärmutter und steigt im Bauchraum etwas nach oben. Dabei öffnet sich der Muttermund etwas, so daß die Samenzellen in die Gebärmutter gelangen können. Die großen Schamlippen legen die Scheidenöffnung frei und schwellen an; auch an den kleinen Schamlippen kommt es zu einer erheblichen Anschwellung, die mit zunehmender Erregung ihre Farbe von rosa bis dunkelrot verändern. Ebenso werden die Schwellkörper der Klitoris mit Blut angefüllt, so daß diese an Umfang und Größe zunehmen. Bei vielen Frauen (übrigens auch bei einigen Männern) richten sich gleichzeitig die Brustwarzen auf.

Beim Mann reagiert die Eichel am empfindlichsten auf Berührungsreize, wodurch sich die drei Schwellkörper des Penis mit Blut anfüllen. Das Glied erreicht schon jetzt seine fast endgültige Größe und richtet sich auf (Erektion). Die Hoden werden dabei an die Bauchwand gezogen. Bei beiden Partnern steigen in dieser Phase Blutdruck und Puls erheblich an, und es kann zum sogenannten *Sexflush-Phänomen* kommen. Das ist eine durch sexuelle Erregung ausgelöste Hautrötung einiger Körperstellen.

Es folgt eine längere Phase, in der die Erregung konstant bleibt (*Plateauphase*), bevor es zum Orgasmus kommt. Puls und Blutdruck steigen weiter an, auch die Atmung wird schneller. Der untere Teil der Scheidenwand füllt sich mit Blut und verengt sich dadurch. Von hier beginnen wenig später die rhythmischen Muskelkontraktionen des Orgasmus (sexueller Höhepunkt). Die rote Färbung der kleinen Schamlippen wird dunkler. Auch die Brüste nehmen durch eine vermehrte Durchblutung an Größe zu, und das Sexflush-Phänomen wird intensiver. Beim Mann verändert sich der steife Penis kaum noch, während die Hoden stärker durchblutet werden und sich in diesem angespannten Zustand um bis zu 50 Prozent vergrößern. Dabei werden sie noch stärker an den Körper herangezogen.

Wichtig: Bereits vor dem Orgasmus können durch den Penis einige Tropfen Flüssigkeit (»Glückstropfen«) abgesondert werden, die oft bereits Samenzellen enthalten und somit zu einer Befruchtung führen können!

Der Orgasmus (*Orgasmusphase*) ist gekennzeichnet durch das plötzliche und unwillkürliche Zusammenziehen mehrerer Muskelgruppen (Kontraktionen). Dieses Gefühl dauert meist nur einige Sekunden und wird anschließend abgelöst von einer angenehmen Entspannung und Entkrampfung des gesamten Körpers. Bei der Frau beginnt der Orgasmus mit Muskelkontraktionen im äußeren Scheidenbereich, die auf die Gebärmutter und andere Organe im Becken übergreifen. Beim Mann beginnt der sexuelle Höhepunkt mit dem rhythmischen Zusammenziehen von Hoden, Nebenhoden, Samenleiter, Samenblasen und vielen anderen Muskelgruppen und Drüsen. Kurz darauf wird die Samenflüssigkeit in mehreren schnellen Schüben aus der Harn-Samenröhre herausgeschleudert (*Ejakulation*). Bei beiden Partnern ist in dieser Phase der gesamte Körper, von der Kopf- und Nackenmuskulatur bis zu den Fußmuskeln, angespannt, Pulsfrequenz und Blutdruck steigen noch mehr an, die Atmung wird rascher und hörbarer.

Wichtig: Der gemeinsame Orgasmus von Frau und Mann ist eher die Ausnahme als die Regel und hängt mit der individuellen oder momentanen Erlebnisfähigkeit und dem Erregungszustand zusammen; Intensität und sexuelle Befriedigung des Orgasmus werden häufig von beiden Partnern verschieden erlebt.

Das darauffolgende schnelle Nachlassen dieser Spannungen leitet in die letzte Phase (*Rückbildungsphase*) über. Beim Mann nehmen alle angespannten, kontrahierten Organe und Muskeln innerhalb kurzer Zeit ihre Ruheposition wieder ein; am deutlichsten ist dies zu sehen am Absinken des Penis und dem Kleinerwerden der Hoden. Atmung, Pulsfrequenz und Sexflush-Phänomen nehmen ebenfalls ab.

Bei der Frau benötigen die Geschlechtsorgane für die Rückbildung etwas mehr Zeit. Zuerst nimmt die Blutfülle im Scheidenbereich ab. Die großen und kleinen Schamlippen werden wieder kleiner und farbloser. Auch die Gebärmutter kehrt zu ihrer ursprünglichen Größe zurück. Die Brustwarzen und das gesamte Brustdrüsengewebe werden lockerer und kleiner.

Wie eine Schwangerschaft entsteht

Was geschieht, wenn eine reife Eizelle von einer Samenzelle befruchtet wird, und wie entsteht anschließend eine Schwangerschaft?

Normalerweise geben die Eierstöcke nur alle vier Wochen eine reife Eizelle in die Eileiter ab. Eine Samenzelle ist bis zu drei Tagen nach dem Samenerguß in der Gebärmutter bzw. im Eileiter lebens- und damit befruchtungsfähig. Ei- und Samenzelle sind nur in einem bestimmten Zeitraum befruchtungsfähig: eine Eizelle ungefähr sechs bis zwölf Stunden nach dem Eisprung (der ungefähr zwischen dem 14. und 16. Tag des Menstruationszyklus stattfindet).

Wichtig: Sie müssen also in dem Zeitraum drei Tage vor dem Eisprung bis zwölf Stunden danach mit einer Befruchtung der Eizelle rechnen, sofern Geschlechtsverkehr stattgefunden hat.

Nach dem Samenerguß wandern mehrere Millionen Samenzellen durch die Scheide und Gebärmutter in Richtung Eileiter, wo sie – in der Zeit um den Eisprung herum – auf die »gesprungene« Eizelle treffen. Nur eine Samenzelle befruchtet dort schließlich die weibliche Eizelle. Das befruchtete Ei (*Keimbläschen*) nimmt jetzt den umgekehrten Weg und wandert innerhalb von drei bis vier Tagen durch die Eileiter in die Gebärmutterhöhle. Während dieser Wanderung finden mehrere Reifeteilungen statt, das heißt, daß sich die Zellen des befruchteten Eies vermehren und sich das Keimbläschen vergrößert. In der Gebärmutterhöhle angelangt, wandert es auf der Gebärmutterschleimhaut weiter, wo es sich am sechsten Tag nach dem Eisprung endgültig einnistet. Nur ungefähr die Hälfte aller befruchteten Eizellen erreicht die Gebärmutter, die sich durch Aufbau der Schleimhaut in der ersten Zyklushälfte auf die Aufnahme des befruchteten Eies vorbereitet hat.

Die *Ei-Einnistung* ist ein ziemlich komplizierter Vorgang, der ungefähr eine Woche dauert. Dabei verbinden sich die Strukturen der Keimblase fest mit denen der Schleimhaut. Außerdem werden die Strukturen der Nabelschnur, der Fruchtblase und des Mutterkuchens, der sogenannten Plazenta, angelegt. Sie dienen im wesentlichen der Entwicklung und Ernährung des Embryos.

Darauf folgt die sogenannte *Embryonalperiode* (dritte bis achte Woche), in der sich aus den verschiedenen Zellen des Embryos die einzelnen Organe bilden. Nach Abschluß der Organentwicklung, ab etwa der neunten Woche bis zum Ende der Schwangerschaft, ist die sogenannte *Fetalperiode* durch Wachstum und Entwicklung des gesamten Organismus und der Organfunktionen gekennzeichnet. Die Frucht nennt man Fetus.

Wann eine Schwangerschaft und damit das Leben eines Individuums genau beginnt, ist heftig umstritten. Die eine Seite meint, eine Schwangerschaft beginne mit der Vereinigung von Ei- und Samenzelle. Die andere Seite glaubt an einen Beginn der Schwangerschaft, wenn sich das befruchtete Ei erfolgreich in die Gebärmutter eingenistet hat (*Nidation*).

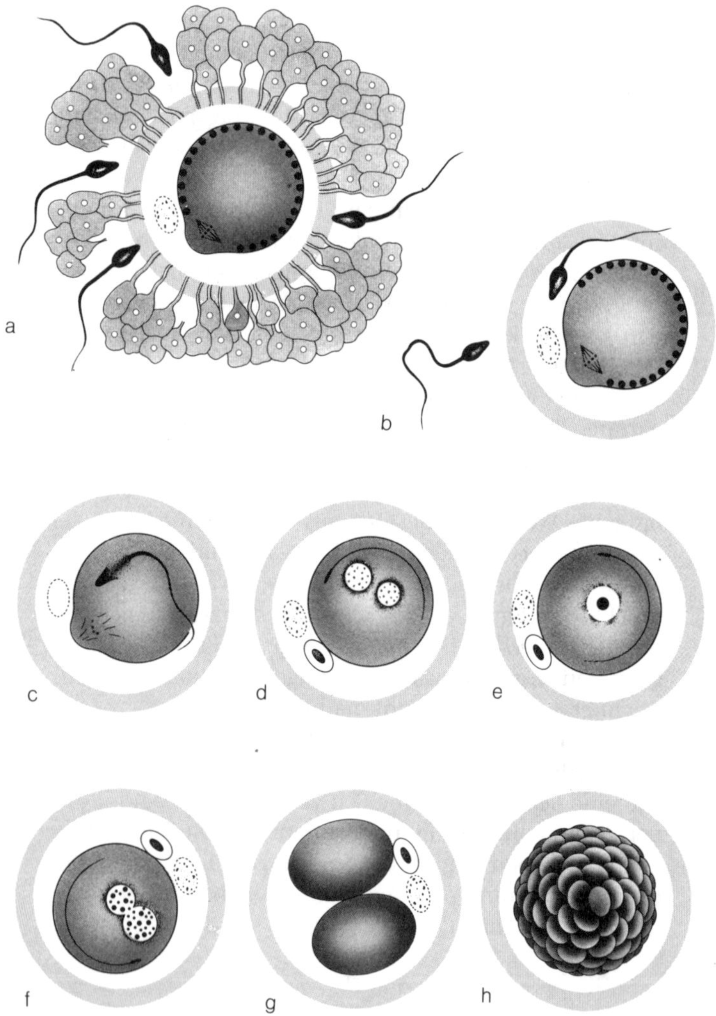

Befruchtung und Ei-Einnistung

Aus »Klinik der Frauenheilkunde und Geburtshilfe« in 12 Bd. Hrsg. von K.-H. Wulf/H. Schmidt-Matthiesen, Bd. 3, 2. Auflage 1985, Verlag Urban & Schwarzenberg, München

Was ist Empfängnisverhütung: Verhütung der Ei-Einnistung oder Abtreibung?

Empfängnisverhütung verhindert die Vereinigung von weiblicher Ei- und männlicher Samenzelle. Es gibt verschiedene Methoden: natürliche, mechanische, chemische, hormonelle und operative.

Verhütung der Ei-Einnistung bedeutet die Verhinderung der Einnistung der bereits befruchteten Eizelle in die dafür vorbereitete Gebärmutter. Hier gibt es zwei Möglichkeiten: die mechanische Methode IUP (Spirale) und die hormonelle Methode als »Pille-danach«.

Abtreibung ist die Entfernung des Embryos mitsamt der Plazenta aus der Gebärmutter. Lesen Sie hierzu das Kapitel über die Abtreibung (vgl. S. 157ff).

In fast ganz Europa sind sowohl die Methoden zur Empfängnisverhütung wie auch zur Verhinderung der Ei-Einistung (Nidation) rechtlich zugelassen (vgl. Methoden der Empfängnisverhütung, S. 72ff.).

Es bleibt jedem einzelnen überlassen, die empfängnis- bzw. nidationsverhütende Methode zu wählen, die mit seiner persönlichen Einstellung in Einklang zu bringen ist.

◁ *Ablauf des Befruchtungsvorgangs und der frühen Embryonalentwicklung.*
a) Spermatozoen durchdringen den Cumulus oophorus und die Corona radiata
b) Penetration der Zona pellucida und Eindringen eines Spermiums in den perivitellinen Spalt
c) Fusion des Spermiums mit der vitellinen Membran
d) Dekondensation des Spermanukleus und Pronukleusbildung
e) und f) Fusion des männlichen und weiblichen Pronukleus
g) Zellteilung zum 2-Zell-Embryo
h) Morula

Fragen zur Empfängnisverhütung

In diesem Kapitel können Sie sich über die wichtigsten Aspekte zu diesem Thema informieren. Eine der brisantesten Fragen dürfte in diesem Zusammenhang der Schutz vor AIDS und anderen Geschlechtskrankheiten sein.

● Wer gibt mir Informationen, und wen beziehe ich ein bei Fragen zur Empfängnisverhütung?

Empfängnisverhütung ist kein Thema, das man losgelöst und zu einem bestimmten Zeitpunkt bespricht. Je mehr Sie sich über die verschiedenen Methoden der Empfängnisverhütung informieren, sich mit der Funktions- und Anwendungsweise vertraut machen und die verschiedenen Nebenwirkungen kennen, um so zuverlässiger werden Sie die Methoden anwenden können bzw. um so offener werden Sie auch darüber mit anderen sprechen können.

Sicher hängt es von Ihrem persönlichen Informationsbedürfnis und Ihrer individuellen Situation ab, wen Sie bei Fragen zum Empfängnisschutz einbeziehen möchten. Einen Informationsgeber halten Sie gerade in Händen.

Der *wichtigste Ratgeber* ist Ihr Arzt. In Absprache mit ihm sollten Sie sich für eine geeignete Methode entscheiden.

Grundsätzlich geben Schulen, Familienberatungsstellen, Gesundheitsämter, Ärzte, Volkshochschulen sowie spezielle Sprechstunden der Kliniken Auskünfte zur Empfängnisverhütung. *Pro Familia* hält zum Beispiel, wie viele andere Organisationen auch, Informationsbroschüren über die Anwendung der verschiedenen Verhütungsmethoden bereit. Sprechen Sie auch mit Freunden oder Bekannten über Möglichkeiten und Erfahrungen der Verhütung.

Für junge Leute sollten immer auch die Eltern Ansprechpartner sein. Eltern wissen, wie wichtig der Bereich der Liebe, Sexualität und Empfängnisverhütung für ihre Kinder ist. Er sollte genauso natürlich und selbstverständlich seinen Platz im täglichen Gespräch haben, wie die Themen aus Schule und Sport. Vielleicht wissen die Eltern nicht genau, wie ein Pessar funktioniert, aber sie können mit ihren Kindern über Sexualität sprechen: wie sie sie erleben, welche Ängste oder Hemmungen sie überwinden mußten. In einer natürlichen und verständnisvollen häuslichen Gesprächsatmosphäre können die Jugendlichen frei über Sexualität und Empfängnisverhütung reden.

● Wer trägt die Verantwortung zur Verhütung einer Schwangerschaft?

Grundsätzlich tragen beide Partner für die Entstehung einer Schwangerschaft die Verantwortung.

Es gehört zur gegenseitigen Verantwortung, sich über die geeignete Methode zur Verhütung einer Schwangerschaft Gedanken zu machen. Keinesfalls ist es nur Angelegenheit der Frau »aufzupassen, damit nichts passiert«.

Gesundheitliche und individuelle Befindlichkeiten müssen Sie miteinander besprechen, damit Sie eine geeignete Methode auswählen können. Beide tragen auch die Verantwortung, wenn die Methode gewechselt werden soll, z. B. bei Pillenmüdigkeit der Frau oder wenn mehrere Methoden kombiniert werden sollen.

Wann sag ich »ja«, wann sag ich »nein«?

An dieser Stelle muß eine definitive Antwort ausbleiben. Lassen Sie sich Zeit, damit Ihr Gefühl sich in Ruhe entwickelt, und setzen Sie sich und den anderen nicht unter Druck.
Wenn Sie den Wunsch haben, mit Ihrem Freund zu schlafen, sagen Sie

- **ja**, wenn Sie kein Kind möchten, und eine Schwangerschaft mit einer Verhütungsmethode verhindern, die Sie oder Ihr Freund zuverlässig anwenden;
- **ja**, wenn Sie die Verantwortung für eine Schwangerschaft und ein Kind übernehmen können und möchten.

Sagen Sie

- **nein**, wenn Sie kein Kind wollen und keine zuverlässige Verhütungsmethode anwenden bzw. wenn Sie mit Ihrem Freund noch nicht über eine geeignete Verhütung gesprochen haben oder sich noch nicht auf eine Verhütungsmethode einigen konnten, die Ihnen beiden zusagt;
- **nein**, wenn Sie die Sicherheit und die Anwendung einer Methode nicht überzeugt oder Sie nicht genügend informiert sind;
- **nein**, wenn Sie über die bisherigen sexuellen Erfahrungen des anderen nicht informiert sind und über sexuell übertragbare Krankheiten wie z. B. AIDS oder über für Sie beide in Frage kommende Verhütungsmethoden gesprochen haben.

Wie spreche ich mit meinem Partner?

Zu einer Beziehung gehört so vieles Gemeinsames: die Party und der Kinobesuch, Reden und Schweigen, Traurigsein und Fröhlichkeit, Zärtlichkeit und der Wunsch, miteinander zu schlafen.

Dieser Wunsch hat sich ohne Worte ergeben, und nun sollen Sie mit dem Partner über so etwas Technisches wie die Empfängnisverhütung reden? Das paßt doch nicht zusammen – oder? Ist die Liebe ein Trick der Natur, um die Art zu erhalten?

Egal, wie es ist. Wenn Sie beide kein Kind wollen, müssen Sie etwas dagegen tun, und wenn Sie das Problem des Empfängnisschutzes nicht bereits für sich allein gelöst haben, dann müssen Sie miteinander reden, und das ist vielleicht gar nicht so leicht.

Haben Sie den Mut, in einer Beziehung offen über Ihre Wünsche, Hoffnungen und Vorstellungen zu sprechen. Sie können nicht erwarten, daß der andere weiß, was Ihnen gefällt. Trauen Sie sich auch einmal, »ja« oder »nein« zu sagen.

»hinfühlen, hinhören, hinschauen«: Wege zu einer erfüllten Sexualität

Tip 1: Lassen Sie sich Zeit. Schneiden Sie die Frage nach der Empfängnisverhütung nicht erst kurz vor dem Verkehr an. Sie belasten damit sich und Ihren Freund/Ihre Freundin.

Tip 2: Artikulieren Sie klar Ihre Wünsche und Bedürfnisse in bezug auf eine gemeinsam erlebte Sexualität.

Tip 3: Hören Sie hin. So erfahren Sie, was Ihr Freund/Ihre Freundin wünscht.

Tip 4: Schauen Sie Ihren Freund/Ihre Freundin an, damit Sie sehen, ob es dem anderen im Gespräch gutgeht.

Tip 5: Informieren Sie sich gemeinsam über einen geeigneten Empfängnisschutz, zum Beispiel beim Arzt.

> Das Gespräch und die Informationen um den Empfängnisschutz gehören auch zur Liebe: als Grundlage und Vorfreude auf die gemeinsame Nacht.

Frauen und Männer mit häufig wechselnden Partnern sollten das Thema Empfängnisverhütung bereits vorab für sich allein und verantwortlich geklärt haben.

Wie finde ich den richtigen Frauenarzt?

Wer sich konkrete Gedanken um eine sichere und verträgliche Empfängnisverhütung macht, muß dieses Thema mit einem Frauenarzt besprechen.

Das Bild des idealen Gynäkologen gibt es nicht, und es soll an dieser Stelle auch gar nicht der Versuch unternommen werden, ein Idealbild zu entwerfen.

Achten Sie bei der Wahl des Arztes Ihres Vertrauens auf:

- die persönliche Sympathie,
- die Art des Gespräches und Beratung,
- die Sensibilität des Arztes gegenüber Ihren Problemen und Fragen,
- eine umfassende und/oder zielgerichtete Information
- und eine gründliche und einfühlsame gynäkologische Untersuchung.

In den meisten Fällen werden Sie, wenn Sie noch keinen Frauenarzt haben, auf Empfehlung einer Freundin oder Bekannten zu einem Gynäkologen gehen. Vielleicht wird die Mutter ihre Tochter zu ihrem Arzt begleiten.

Was kann der Mann für den Empfängnisschutz tun?

Auch wenn es für den Mann nicht viele Methoden gibt, bei seiner Partnerin eine ungewollte Empfängnis zu verhindern, so gibt es doch höchst effektive Möglichkeiten.

Im Gegensatz zu Deutschland gibt es Gesellschaften, in denen Empfängnisverhütung hauptsächlich Aufgabe des Mannes ist, wie z. B. in Japan, wo 70 Prozent der Männer es als ihre Pflicht ansehen und in den meisten Fällen ein Kondom benutzen. Allerdings wurde die Einführung der Pille von den Behörden bisher verboten!

Als Mann können Sie die Empfängnisverhütung völlig allein übernehmen oder auch das Problem der Verhütung gemeinsam mit Ihrer Partnerin lösen.

Als eine relativ sichere Methode der Empfängnisverhütung steht Ihnen das *Kondom* zur Verfügung. Überhaupt nicht sicher ist der *Coitus Interruptus* – der abgebrochene Geschlechtsverkehr – als natürliche Methode.

Sie sollten mit Ihrer Freundin den Empfängnisschutz als Ihre gemeinsame Sache ansehen. Nehmen Sie gegenseitig auf Ihre Wünsche und Befindlichkeiten Rücksicht. Es ist wichtig für beide, daß sich nicht einer (in den meisten Fällen ist es die Frau) von dem anderen allein gelassen fühlt. Sprechen Sie mit Ihrer Freundin oder begleiten Sie sie zum Arzt. Falls Sie sich für die natürliche Empfängnisverhütung entscheiden, verzichten Sie beide in den fruchtbaren Tagen auf den Koitus.

Auch die *Sterilisation* steht Ihnen als Verhütungsmöglichkeit zur Verfügung. Als sicherste Methode der Verhütung sollte sie jedoch nur zur Anwendung gelangen, wenn Sie in einer dauerhaften, sicheren und erprobten Beziehung leben, beide keine Kinder wollen bzw. die Familienplanung endgültig abgeschlossen haben.

Gibt es die »beste« oder »schlechteste« Verhütungsmethode?

»Schlecht« und »gut« sind subjektive Begriffe. Wird eine Verhütungsmethode als »schlecht« oder »gut« bezeichnet, so resultiert das Urteil aus einem oder mehreren Aspekten dieser Methoden. Beispielsweise wird der Coitus Interruptus als »schlecht« empfunden, weil er sehr unsicher ist und die sexuelle Erlebnisfähigkeit einschränkt; das Kondom hingegen als »besser«, weil es leicht erhältlich, sicherer und einfach anzuwenden ist.

Aus objektiver Sicht gibt es nicht die »beste« oder die »schlechteste« Methode. Die Pille kann die »beste« sein, weil sie bei richtiger Anwendung die sicherste ist; das Kondom kann das »beste« sein, wenn der Mann die Verhütung übernehmen möchte; die natürliche Empfängnisverhütung zeigt am wenigsten Nebenwirkungen etc.

Wichtig: Entscheiden Sie in Ihrer persönlichen Lebenssituation nach umfangreicher Information, z. B. durch den Arzt, mit Ihren bisherigen Erfahrungen und möglichst unter Einbeziehung Ihres Freundes/Ihrer Freundin, welche die geeignetste – die »beste« – Kontrazeption ist!

Was bedeutet Sicherheit einer Methode?

Die Sicherheit – die Zuverlässigkeit – einer Methode wird im Pearl-Index angegeben. Er gibt die Zahl der unerwünschten Schwangerschaften auf 100 Frauen pro Jahr an, sofern die Methode fehlerfrei angewendet wird.

Nicht bei jeder Methode ist die Zuverlässigkeit eindeutig meßbar. Lesen Sie hierzu jeweils die Abschnitte »Sicherheit« bei den dargestellten Methoden.

Wichtig: Die Sicherheit einer Methode hängt ab von der

- richtigen und konsequenten Anwendung,
- aber auch von der Kenntnis, die Sie über Ihren Körper haben,
- von Ihrer allgemeinen inneren Einstellung zu Verhütungsmethoden
- wie auch von der Erfahrung, die Sie bereits mit Verhütung sammeln konnten.

Eine Orientierungshilfe ist die Einteilung in Zuverlässigkeits-Stufen:

Zuverlässigkeit	Methode	Versagerquote (Pearl-Index)
sehr hohe Zuverlässigkeit	Pille 3-Monats-Spritze	0,2–0,5
	Mini-Pille Intra-Uterinpessar (Spirale) Temperaturmethode symptothermale Methode	2–3
mittlere Zuverlässigkeit	Kondom Scheiden-Diaphragma	1–5
	Schaum-Ovulum Schaum-Spray andere chemische Mittel	5–10
unzuverlässig	Coitus Interruptus Knaus-Ogino Methode Billings	15–20

Abdruck mit freundlicher Genehmigung der Schering Aktiengesellschaft, Berlin

Wann kann ich mich sicher fühlen?

Angst vor einer ungewollten Schwangerschaft – dieses Gefühl kennt wohl fast jede Frau.

Sicher fühlen können Sie sich, wenn Sie eine zuverlässige Methode richtig anwenden, die vom medizinischen Standpunkt geeignet ist, eine ungewollte Schwangerschaft zu vermeiden, und wenn diese Methode von Ihnen akzeptiert wird.

Wichtig: Die Erfahrung, eine ungewollte Schwangerschaft bisher erfolgreich verhütet zu haben, wird Sie in Ihrem Sicherheitsgefühl bestärken.
Leider trägt die gleiche Erfahrung dazu bei, bisher sichere Methoden nachlässiger anzuwenden oder unsichere Methoden für sicher zu halten nach dem Motto »es passiert ja doch nichts«.

Sollte die Methode abhängig von der Häufigkeit des Geschlechtsverkehrs sein?

Ist der Geschlechtsverkehr relativ häufig oder regelmäßig, so sollten Sie sich für eine dauerhafte und sichere Lösung der Verhütung entscheiden.

Bei nur sporadischem Geschlechtsverkehr kann es sinnvoll sein, auf mechanisch-chemische Kontrazeptiva zurückzugreifen. Die etwas geringere Sicherheit einer mechanisch-chemischen Kombination ist abzuwägen gegen die Beeinflussung des Körpers durch Spirale oder Pille.

Bei häufig wechselnden Partnern sollten Frauen eine sichere Methode der Empfängnisverhütung wählen, d. h. Pille oder Spirale, da das Risiko zu groß ist, daß eine Verständigung mit dem neuen Freund über eine effektive Empfängnisverhütung nicht zustande kommt.

Männer sollten in diesen Fällen immer ein Kondom benutzen, auch, um sich und andere vor der Übertragung eventuell vorhandener Krankheiten zu schützen.

Welche Methode ist am wenigsten gesundheitsschädlich?

Die Frage ist, in welchem Maß die empfängnisverhütenden Mittel das körperliche und seelische Wohlbefinden beeinflussen. Dies ist individuell verschieden. Im einzelnen kann es z. B. zu folgenden körperlichen Beeinträchtigungen kommen:

- Veränderungen des Kreislaufs oder Kopfschmerzen bei Einnahme der Pille.
- Vermehrte Eileiterentzündungen bei Tragen der Spirale.
- Reizung der Genitalien durch chemische Kontrazeptiva.

Genauso ist es aber auch möglich, daß Kontrazeptiva positive Nebenwirkungen haben, wie z. B. Verminderung des Regelschmerzes bei Einnahme der Pille bzw. Verringerung der ausgestoßenen Blutmenge.

Bitte lesen Sie dazu im speziellen die Rubriken Nebenwirkungen, Vor- und Nachteile zu den verschiedenen Methoden der Empfängnisverhütung.

Wichtig:

- Kaufen Sie die Pille nur auf Empfehlung Ihres Arztes! Die Pille ist zwar grundsätzlich verschreibungspflichtig, wird aber möglicherweise vereinzelt auch ohne Rezept abgegeben.
- Lassen Sie die keimfreie Spirale nur von einem Arzt unter aseptischen Bedingungen einlegen!

- Aus Sicherheitsgründen und um körperliche Beschwerden zu vermeiden, sollte der Arzt die richtige Größe eines Diaphragmas bestimmen.

Wichtig: Nicht in jedem Lebensalter und in jeder Lebenssituation sind alle Verhütungsmittel gleich gut. Damit Sie eine größtmögliche Zufriedenheit in seelischer und körperlicher Hinsicht mit einer Verhütungsmethode erreichen können, ist es notwendig, die verschiedenen Möglichkeiten gegeneinander abzuwägen, eigene und die Erfahrungen anderer, besonders die des Arztes, miteinzubeziehen!

Ist die Methode schuld, wenn es Probleme in der Beziehung gibt?

Als Bestandteil ihrer Persönlichkeit erfahren Männer und Frauen ihre Sexualität immer wieder anders und neu; im Lebensverlauf ändern sich die Empfindungen, ihre Intensität, Vorstellungen und Wünsche. So ist es denn auch eher die Regel als die Ausnahme, daß es in einer Liebesbeziehung immer wieder Veränderungen gibt und es infolge dessen auch zu Problemen kommen kann.

Hierfür kann es objektive Ursachen geben, die in der Wahl der Verhütungsmethode liegen. Körperliches Unwohlsein, Kopfschmerzen, Migräne, Müdigkeit oder trokkene Scheide – Beschwerden, die durch die Pille hervorgerufen werden können – vermindern das Interesse an Sexualität; beide bleiben dann in ihrer Lust unbefriedigt.

Genausogut können diese Nebenwirkungen aber auch Ausdruck psychischer Mißempfindungen sein. Ursächliche Probleme mit der Beziehung werden der Pille zugeschoben. Der Gynäkologe ist dann natürlich überfordert, wenn er ihm unbekannte psychische Probleme medikamentös lösen soll.

In diesen Fällen müssen Sie durch Offenheit und in Gesprächen versuchen, die Ursache Ihrer Probleme zu finden und zu lösen. Nicht nur in ernsten Fällen können hier Psychologen, Psychiater und Paartherapeuten helfen.

Andererseits kann die Verhütungsmethode auch sexuelle Probleme in der Beziehung lösen, wenn die Ursache z. B. in einem Unsicherheitsgefühl lag, das nun durch eine zuverlässige Methode abgebaut wird und hingebungsvolles und angstfreies Lieben ermöglicht.

Wichtig: Sexualität sollte als Gesprächsthema in Ihrer Beziehung kein Tabu darstellen. Bei sexuellen Problemen sollten Sie mit Ihrem Freund/Ihrer Freundin über Ihre Empfindungen und Wünsche offen reden. So werden Sie am schnellsten und einfachsten feststellen, ob die Methode der Empfängnisverhütung schuld ist an Ihren Problemen.

Welche Methode ist am angenehmsten?

Welche Methode der Empfängnisverhütung die Frau, der Mann, das Paar am angenehmsten empfindet, kann nicht allgemeingültig festgestellt werden. Das positive Gefühl für eine Methode hängt ab von dem subjektiven Sicherheitsempfinden, eventuellen Nebenwirkungen, der Verfügbarkeit der Methode, dem Alter und der Lebensphase, in der sich beide befinden, der Häufigkeit des Geschlechtsverkehrs, den Auswirkungen der Methode auf die Sexualität und vieles andere mehr. Die Methoden werden individuell verschieden empfunden und somit auch akzeptiert.

Wie leicht bzw. schwer zugänglich sind die Methoden für mich?

Besonders für junge Menschen mit noch geringen sexuellen Erfahrungen stellt die Verfügbarkeit und freie Zugänglichkeit zu einem sicheren Empfängnisschutz eine wichtige Frage dar.

Leicht und fast überall erhältlich sind die *Barrieremethoden*. Ob Kondom oder chemische Kontrazeptiva, sie sind in Automaten, Drogerien, Kaufhäusern, Supermärkten und rezeptfrei in der Apotheke zu kaufen. Der Besuch bei einem Arzt ist notwendig, wenn Sie sich die Pille verschreiben, die Spirale einsetzen oder ein Diaphragma anpassen lassen wollen.

Die natürlichen Methoden zur Empfängnisverhütung stehen zwar theoretisch jederzeit zur Verfügung, jedoch sollten sie nur angewendet werden, wenn der Umgang mit ihnen vertraut ist.

Wie leicht sind die Methoden anzuwenden und zu erlernen?

Bevor Sie sich auf das Erlernen einer einzigen Methode konzentrieren, sollten Sie zunächst Zeit und Interesse investieren, um sich umfangreich über die verfügbaren Methoden der Empfängnisverhütung zu informieren. Es ist wichtig, daß die Methode Ihrem persönlichen Sicherheitsbedürfnis, Ihren Vorstellungen und Wünschen entspricht.

Wird eine Methode von beiden akzeptiert, so ist eine entscheidende Voraussetzung für eine erfolgreiche Anwendung geschaffen.

Bitte lesen Sie die speziellen Anwendungshinweise und Tips in den einzelnen Kapiteln.

Wie kann ich verschiedene Methoden kombinieren oder wechseln?

Kombination

Zur Erhöhung der Sicherheit vor einer ungewollten Empfängnis kann es sinnvoll sein, unterschiedliche Methoden zu kombinieren. Einzig bei der Pille ist ein zusätzlicher Empfängnisschutz nicht notwendig.

Mechanische oder chemische Barrieremethoden sollten nicht einzeln verwendet werden, sondern nur in Verbindung miteinander oder in Kombination mit anderen Methoden.

Bei der natürlichen Familienplanung empfiehlt sich ein zusätzlicher Schutz durch mechanische oder chemische Mittel in den geschätzten unfruchtbaren Tagen vor dem Eisprung.

In den ersten Wochen nach einer Sterilisation bei dem Mann ist eine zusätzliche Verhütung notwendig, da eine Fruchtbarkeit noch sechs bis acht Wochen nach dem Eingriff fortbesteht.

Auch in der ersten Zeit nach Einlegen einer Spirale muß zusätzlich Empfängnisschutz erfolgen, da noch ein erhöhtes Schwangerschaftsrisiko besteht. Das Intrauterinpessar entfaltet erst im Laufe der Zeit seine volle Wirkungskraft.

Wechsel

Grundsätzlich birgt der Wechsel von einer Verhütungsmethode zur anderen ein erhöhtes Risiko einer unerwünschten Schwangerschaft.

Bis eine neue Methode vollständig angenommen ist, braucht es eine gewisse Zeit. Man muß sich an die regelmäßige Temperaturmessung oder die Pilleneinnahme erst gewöhnen; die Anwendung eines Diaphragmas will geübt sein, und ein Kondom ist nicht immer zur Hand. Ein Wechsel bringt Risiken und Unsicherheit mit sich: »daß es diesmal hoffentlich gut geht«, »er schon aufpaßt« oder »die Pille noch Depotwirkung hat« und daß das Paar auf geschützten Geschlechtsverkehr verzichtet. Die Entscheidung ist oft schnell und leicht getroffen, wenn das Paar von den Emotionen überrollt wird, belastet aber häufig bereits den Geschlechtsakt und kann zu einem großen Problem führen, wenn eine ungewollte Schwangerschaft tatsächlich eintritt.

Verhütung ist immer die Angelegenheit von zweien. Bevor eine Methode gewechselt wird, müssen beide über die neue Methode umfangreich informiert sein und sich in der Anwendung miteinander abstimmen.

Bei Absetzen der »Pille« beispielsweise, darf »Sie« nicht erwarten, daß er selbstverständlich ein Kondom benutzt, und »Er« darf nicht erwarten, daß sie sich schon um etwas anderes kümmern wird.

Der Wechsel von einer Verhütungsmethode zu einer anderen kann aus verschiedenen Gründen notwendig sein oder gewünscht werden. Beispielhaft seien genannt:

- Gesundheitliche Unverträglichkeiten,
- Pillenmüdigkeit oder -pause,
- Erhöhung der Sicherheit,
- dauerhafter Schutz,
- Alter.

Relativ unkompliziert stellt sich ein Wechsel dar, wenn als neue Methode die Pille oder die Spirale gewählt wird oder gar eine Sterilisation erfolgt.

Aber beachten Sie bitte, daß chemische oder mechanische Barrieren nur in Kombination angewendet werden sollten, daß die natürliche Familienplanung nur sicheren Schutz bietet, wenn die Frau sehr vertraut mit ihrem Körper ist und seine Signale, wie beispielsweise Temperatur und Schleim, zu deuten versteht. Die natürliche Familienplanung braucht eine ausreichend lange Vorlaufzeit, bevor sie zur Anwendung kommen kann.

Wichtig: Besprechen Sie einen beabsichtigten Wechsel der Kontrazeption mit Ihrem Arzt. Er wird Ihnen die für Sie persönlich am besten geeignete Methode empfehlen. Er wird Ihnen Wirkungsweise, Vor- und Nachteile, eventuelle Nebenwirkungen und vor allem die Anwendung und die Sicherheit – auf die Sie nicht verzichten sollten – erläutern.

Was muß bei einem Wechsel der Methode beachtet werden?

Ein Großteil der »Unfälle« passiert beim Wechseln der Kontrazeptionsmethode. Mangelndes oder unvollständiges Wissen, Fehler in der Anwendung und nicht ausreichende Erfahrung und Vertrautheit mit der Methode können leicht zu einer ungewollten Schwangerschaft führen. Bevor von einer bisher zufriedenstellenden und sicheren Methode umgestiegen wird auf eine andere Art der Kontrazeption, sollten Sie folgende Punkte klären:

War die bisherige Methode sicher?

Wenn ja, wiegen die Gründe für einen Wechsel so stark, daß die Risiken der neuen Methode akzeptiert werden können?

Informieren Sie sich bei einem Wechsel ausführlich über die Alternativen der Kontrazeption, und zwar nicht bei dem Nachbarn oder der Freundin, sondern bei Ihrem Arzt!

Erst wenn Sie mit der richtigen Anwendung vertraut sind, können Sie sich auf die angegebene Sicherheit verlassen.

Welche Methode wende ich nach der Geburt eines Kindes an?

Da Sie als Frau sich nach einer Geburt ohnehin unter ärztlicher Kontrolle befinden, sollten Sie die Frage der Empfängnisverhütung ausführlich mit Ihrem Arzt besprechen. Eine Schwangerschaft nach einer kurz zuvor erfolgten Geburt stellt die Frau vor extreme körperliche und seelische Belastungen. Normalerweise sollten Sie mit dem ersten Geschlechtsverkehr solange warten, bis der (infektiöse) Wochenfluß verschwunden ist, also ungefähr vier bis sechs Wochen nach der Entbindung. Dann ist die Wundheilung in der Gebärmutter abgeschlossen.

Nach einer Geburt sollte der Mann sich für die Empfängnisverhütung verantwortlich fühlen. Zumindest vorübergehend empfiehlt es sich, ein Kondom in Verbindung mit chemischen Barrieremethoden zu benutzen.

Nach weiteren vier bis sechs Wochen kann normalerweise, wenn sich die Gebärmutter normal zurückgebildet hat, eine Spirale oder ein Diaphragma von Ihrem Arzt wieder eingesetzt bzw. angepaßt werden. Das Diaphragma wird besonders dann empfohlen, wenn eine Frau sich in absehbarer Zeit noch ein Kind wünscht.

Wichtig: Sie sollten auf jeden Fall die Größe des Scheidendiaphragmas von Ihrem Arzt prüfen lassen, weil sich nach einer Geburt häufig der Muttermund vergrößert!

Wenn Sie nicht stillen, ist eigentlich gegen die (Wieder-)Einnahme der Pille nach vier bis sechs Wochen nichts einzuwenden; besser ist jedoch eine Pause von ungefähr zwei bis drei Monaten. Wenn Sie nicht stillen, kommt es normalerweise in der fünften bis achten Woche nach der Geburt zur ersten Menstruationsblutung, die allerdings meist ohne Eisprung auftritt.

Stillen Sie Ihr Kind, ist es ratsam, auf die Pille in dieser Zeit zu verzichten (siehe dazu auch das Kapitel über die Pille, S. 113ff.).

Relativ schwierig anzuwenden sind nach der Geburt eines Kindes die natürlichen Verhütungsmethoden, da in dieser Zeit häufig sowohl der Temperaturverlauf als auch die Schleimstruktur sehr variieren und schwer zu beurteilen sind. Sie sollten diese also nur dann anwenden, wenn die Sicherheit für Sie nicht ganz so wichtig ist.

Dennoch können Sie ab der dritten Woche nach der Entbindung mit dem Temperaturmessen beginnen, um zu sehen, wie sich Ihre Körpertemperatur einpendelt. Wenn ein Eisprung stattgefunden hat, steigt die Temperaturkurve normalerweise deutlich an. Mit der Beobachtung des Schleimes können Sie wieder beginnen, wenn kein Wochenfluß mehr fließt.

Ist das Stillen ein sicherer Empfängnisschutz?

Wie kann das Stillen einen Einfluß auf den weiblichen Zyklus haben?

Damit nach der Entbindung Milch in den Brustdrüsen gebildet werden kann, muß das »Milchbildungshormon«, das sogenannte *Prolactin* (*pro* = für und *Lac*tation = Milchbildung), ins Blut ausgeschüttet werden. Wie einige andere Hormone wird es in der Hirnanhangsdrüse produziert. Je häufiger ein Kind an die Brust gelegt wird, um so mehr Prolactin und um so mehr Milch werden gebildet. Das regelmäßige Stillen ist also der »Hauptreiz« für die Hirnanhangsdrüse, dieses Hormon zu produzieren und ins Blut abzugeben. Wenn viel Prolactin im Blut vorhanden ist, kann es den monatlichen Zyklus dadurch beeinflussen, daß es die Hormonbildung in den Eierstöcken (*Östrogen* und *Progesteron*) hemmt. Fehlen diese Hormone im weiblichen Körper, können keine Eier mehr in den

Eierstöcken heranreifen, so daß der Eisprung ausbleibt und kein Ei befruchtet werden kann.

Das bedeutet für den Empfängnisschutz: Bei regelmäßigem und intensivem Stillen (ca. alle drei bis vier Stunden in den ersten Monaten) wird soviel Prolactin gebildet, daß Sie davon ausgehen können, daß die Produktion der Eierstockhormone während dieser Zeit unterdrückt wird. Nach den neuesten Untersuchungen besteht – sofern das Baby voll gestillt wird (und noch keine Menstruation aufgetreten ist) – bis zu sechs Monaten nach der Entbindung ein recht sicherer Empfängnisschutz, der vergleichbar ist mit dem der Minipille (Pearl-Index 3).

Dennoch nimmt etwa ab der zwölften Woche nach der Geburt, wenn die Stillabstände etwas größer werden, die Wahrscheinlichkeit zu, daß es zur Eireifung und zum Eisprung kommt. Es kommt jedoch bei den meisten Frauen erst gegen Ende der Stillzeit oder nach dem Abstillen zu normalen, regelmäßigen Zyklen mit Eisprung und monatlicher Blutung.

Eine Blutung, die während des Stillens auftritt, muß kein Zeichen für einen stattgefundenen Eisprung sein – und umgekehrt: Ein Eisprung kann auch stattfinden, ohne daß es zu einer Blutung kommt! In der Stillzeit läuft Ihr Zyklus also sehr viel unregelmäßiger ab als sonst, und beim Gespräch mit anderen Frauen werden Sie feststellen, daß die Erfahrungen diesbezüglich sehr unterschiedlich sind.

Wichtig ist, daß Sie wissen, daß das Stillen keine sichere Verhütungsmethode ist.

Wie kann in den Wechseljahren verhütet werden?

Mit zunehmendem Alter wird die Fruchtbarkeit der Frau immer geringer, bis sie ungefähr ab dem 45. Lebensjahr völlig erlischt. In den folgenden Jahren kommt immer seltener ein Ei zur Reife. Man nennt diesen Zeitraum »Wechseljahre«. Auch wenn die Wahrscheinlichkeit, ein Kind zu empfangen, immer mehr abnimmt (im Alter von 47 liegt sie bei 1:10 000), so sollte dennoch eine Empfängnis sicher verhütet werden: Ab dem 35. Lebensjahr nimmt die Gefahr zu, ein nicht gesundes Kind zu gebären, und gleichzeitig wachsen die gesundheitlichen Risiken für die Mutter.

Frauen, die seit Jahrzehnten mit ihrem Körper vertraut sind, können sich auf die *symptothermale Methode* verlassen, sofern sie auch schon bisher Veränderungen ihres Zervixschleimes feststellen konnten. In den Wechseljahren wird der Schleim ein sicheres Indiz für die fruchtbaren Tage.

Wenn nichts dagegen spricht, die *Pille* einzunehmen, bietet diese die größtmögliche Sicherheit vor einer ungewollten Schwangerschaft. Durch ihre Wirkungsweise vermindert sie sogar in diesem Alter das Risiko, an einem Gebärmutter- oder Eierstockkrebs zu erkranken. Häufig werden auch die Beschwerden in den Wechseljahren, wie Hitzewallungen, Depressionen etc., abgeschwächt.

Die chemischen Barrieremethoden können ohne Probleme in den Wechseljahren benutzt werden; ihre Feuchtigkeit wirkt sich eher positiv auf die immer trockener werdende Scheide aus.

In den Wechseljahren gewinnt die Verhütung durch den Mann an Bedeutung. An den immer seltener werdenden fruchtbaren Tage der Frau sollte er die Verantwortung übernehmen

- Benutzung eines Kondoms
- oder in sehr seltenen Fällen den Coitus Interruptus, der aufgrund seiner geringen Sicherheit und auch

wegen der möglichen seelischen Belastung eher nicht zu empfehlen ist.

- Auch eine Sterilisation könnten die Partner erwägen, über die sie mit ihrem Arzt sprechen sollten.

Was kostet Empfängnisverhütung?

Ostfriesen empfehlen einen Apfel als Kontrazeption »und zwar nicht davor oder danach, sondern statt dessen«. Etwas billiger als ein Apfel pro Tag ist die Pille. Mit ca. DM 45 pro Drei-Monatspackung, kostet eine Pille 0,50 DM pro Tag.

Tip: Nehmen Sie die *Pille* über mehrere Monate, so kaufen Sie die Drei- oder Sechs-Monatspackungen. Sie sind erheblich günstiger als die Vier-Wochenpackungen.

Wichtig: Wer in der Bundesrepublik Deutschland in einer gesetzlichen Krankenversicherung ist, kann bis zum vollendeten 20. Lebensjahr Verhütungsmittel auch auf Krankenschein erhalten, sofern sie vom Facharzt verordnet wurden. Mädchen können die Pille ab dem 15. Lebensjahr verschrieben und bezahlt bekommen.

Am billigsten sind die *natürlichen Methoden*, bei denen der einmalige Kauf eines Thermometers und eventueller Kurvenblätter (werden häufig kostenlos, z. B. vom Arzt, abgegeben) ausreicht.

Kondome werden in unterschiedlichen Packungsgrößen abgegeben. Ihr Preis liegt pro Stück unter einer Mark.

Chemische Mittel, wie Gel, Schaum-Ovula oder Creme, liegen bei DM 15 je nach Packungsgröße.

Die Spirale wird vom Arzt eingesetzt und abgerechnet. Die Rechnungsbeträge schwanken von Arzt zu Arzt. Es muß mit mindestens DM 200 (für ca. zwei Jahre) gerechnet werden.

Tip: Erkundigen Sie sich vor dem Arztbesuch nach den zu erwartenden Kosten, und vereinbaren Sie einen Preis.

Muß aus medizinischen Gründen eine Schwangerschaft ausgeschlossen werden, so können die Kosten für die Applikation eines Intrauterinpessars auch von der Krankenkasse übernommen werden.

Die operativen Eingriffe erfolgen in der Regel nach Indikationsstellung des Arztes. Die Kosten tragen die Krankenkassen.

Was ist AIDS, und wie kann ich mich vor AIDS schützen?

Seit AIDS ist es noch wichtiger geworden, mit seinem Partner vor dem ersten Geschlechtsverkehr über die bisherige Sexualität mit anderen Partnern, über Treue, Verhütung und eventuellen Drogenmißbrauch zu sprechen.

AIDS ist die Abkürzung für *Acquired Immune Deficiency Syndrome.* Der durch das HIV-Virus immungeschwächte Körper verfügt nicht mehr über ausreichende Abwehrkräfte. Es können sich verschiedene Infektionen und Tumore entwickeln, die letztendlich zum Tod führen.

Gegen AIDS gibt es zur Zeit weder eine Impfung noch Medikamente, welche den AIDS-Kranken vor dem Tod bewahren. Im allgemeinen Sprachgebrauch wird AIDS häufig sowohl für »HIV-positiv« wie auch für »AIDS-krank« benutzt.

Richtig ist: »HIV-positiv« bedeutet, daß die Immunschwäche erworben wurde, aber noch nicht zum Ausbruch gekommen ist; »AIDS-krank« hingegen, daß diese Immunschwäche sich in eindeutigen Symptomen zeigt.

Das HIV-Virus wird durch Körperflüssigkeit übertragen. Es befindet sich besonders im Blut und in der Scheiden- und Samenflüssigkeit. Da beim Geschlechtsverkehr unbemerkt feine Risse an der Oberfläche des Penis und an der Scheidenwand entstehen können, ist dabei die Gefahr, mit AIDS infiziert zu werden, besonders groß.

AIDS ist eine besonders tückische Krankheit. Bevor sie zum Ausbruch kommt, schlummert sie im Verborgenen.

Es ist ein Vorurteil, zu glauben, daß nur Risikogruppen wie z. B. Fixer und Homosexuelle von AIDS betroffen werden. Heterosexuelle kann es genauso treffen.

Kondome können zwar vor der Übertragung von AIDS und den Infizierten vor anderen gefährlichen Erregern wie z. B. Hepatitis oder Herpes schützen. Eine hundertprozentige Sicherheit bieten Kondome aber nicht, da Fehler des Materials oder in der Anwendung immer möglich sind (lesen Sie hierzu bitte das Kapitel über das Kondom, S. 89ff).

Zusätzlich muß man aufpassen, daß Scheiden- und Samenflüssigkeit, Blut, Urin und Fäkalien nicht in die Scheide, den Mund, den After oder an rissige und offene Stellen auf der Körperoberfläche gelangen.

Eine zusätzliche Sicherheit kann der HIV-Test bringen. Bei einer Umfrage unter den Leserinnen der Frauenzeitschrift Brigitte (Ausgabe 15/91) gab jede dritte Leserin an, daß sie oder ihr Partner schon einmal einen HIV-Test gemacht haben. Sie können einen HIV-Test z. B. bei Gesundheitsämtern oder AIDS-Hilfen, aber auch bei einem niedergelassenen Arzt, wenn gewünscht auch anonym, machen lassen.

Wichtig: Eine erworbene Immunschwäche kann relativ sicher erst acht Wochen nach einer möglichen Infizierung festgestellt werden.

Die AIDS-Gefahr ist besonders für Jugendliche belastend, die Sexualität erst erfahren und kennenlernen wollen: die erste Liebe und die Auseinandersetzung mit der Sexualität, der erste Geschlechtsverkehr und der Schutz vor einer ungewollten Schwangerschaft. Gerade junge Menschen sind befangen und unerfahren, wie sie ein Gespräch darüber und über AIDS führen sollen. Sie wollen doch ihre Sexualität mit einem Freund/einer Freundin ausprobieren und sollen nun erstmal nachprüfen, ob er oder sie HIV-positiv ist? Aber Verantwortung zu übernehmen bedeutet auch, daß man den anderen nicht verletzen möchte.

Können die beiden durch ein Gespräch nicht vollkommen ausschließen, daß einer von beiden infiziert ist, so müssen sie gemeinsam vereinbaren, wie sie weiter verfahren wollen, bis ein HIV-Test durchgeführt wird. Ob sie zum Beispiel auf den Geschlechtsverkehr vollkommen verzichten oder sich durch ein Kondom schützen wollen.

Haben Sie darüber hinaus noch Fragen, so wenden Sie sich bitte an die örtlichen AIDS-Hilfen, Gesundheits- oder Landratsämter. Sollte Ihnen keine Beratungsmöglichkeit in Ihrer Nähe bekannt sein und auch das Telefonbuch keinen Hinweis enthalten, so können Sie sich an den
Bundesverband Deutsche AIDS-Hilfe e.V., Nestorstraße 8–9, 10709 Berlin wenden.
Bei den oben genannten Stellen, wie auch bei der **Bundeszentrale für gesundheitliche Aufklärung, Pf. 91 01 52, 51109 Köln,** können Sie umfangreiches Informationsmaterial zum Thema AIDS erhalten. In den größeren Kliniken gibt es Spezialsprechstunden für schwangere Frauen, die an AIDS erkrankt sind.

Methoden der Empfängnisverhütung

Natürliche Methoden

Den natürlichen Kontrazeptionsmethoden ist gemeinsam, daß der Körper keinerlei Veränderung von außen erfährt, weder durch mechanische, chemische, hormonelle oder operative Eingriffe.

Die Pillenmüdigkeit der Frauen und die zunehmende Wichtigkeit der Wahrnehmung des eigenen Körpers haben die natürlichen Methoden der Empfängnisverhütung wieder als Alternative zu anderen Kontrazeptiva in den Vordergrund gerückt.

Bei der Beobachtung ihres Körpers und ihres Zyklus erlebt die Frau ihre Weiblichkeit neu. Der Zyklus beginnt mit der Monatsblutung. Während in der ersten Hälfte des Zyklus die Temperatur niedrig ist, so steigt sie durch die Bildung des Gelbkörperhormons in der zweiten Hälfte an. Häufig treten Bauchschmerzen oder ein Ziehen in der Brust zur Zeit des Eisprungs auf, wie auch zu Beginn der Monatsblutung. Das Wissen um die körperlichen Zusammenhänge erleichtert das Umgehen mit Schmerzen, Phasen der körperlichen und seelischen Stärke und Schwäche und der Fruchtbarkeit.

Die Methoden der natürlichen Empfängnisverhütung sind nicht für jeden gleichermaßen gut geeignet. Natürliche Methoden eignen sich eher in stabileren Paarbeziehungen.

Zu empfehlen sind sie für:
- Paare, die religiös gebunden sind und aus diesem Grund andere Möglichkeiten der Kontrazeption ablehnen.
- Paare, die Eingriffe oder Manipulationen an ihrem Körper ablehnen.
- Paare mit hoher Motivation, Kenntnis, Erfahrung und Disziplin bei der Durchführung und Anwendung der Methode.
- Frauen, die einen relativ regelmäßigen Eisprung haben.

Nicht geeignet sind die Methoden der natürlichen Familienplanung für:
- junge und unerfahrene Paare.
- Paare mit sehr häufigem Geschlechtsverkehr.
- Frauen, bei denen die Ovulation unregelmäßig eintritt. Dies ist bei vielen Frauen der Fall, besonders bei jungen Mädchen und Frauen in den Wechseljahren.
- Frauen ohne regelmäßige Nachtruhe.
- Männer mit verfrühter oder spontaner Ejakulation.

Wichtig: Die natürlichen Methoden sind nicht manipulierbar. Der Körper richtet sich nicht nach dem Willen, sondern man muß sich auf die Signale seines Körpers einstellen.

Coitus Interruptus

Der Coitus Interruptus ist die einzige natürliche Methode der Empfängnisverhütung für den Mann.

Wirkungsweise und Anwendung: Beim Geschlechtsverkehr zieht der Mann seinen Penis vor der Ejakulation aus der Scheide der Frau, damit keine Spermien in die Vagina und in die Gebärmutter eindringen können und somit eine mögliche Befruchtung vermieden wird. Im Gegensatz zu der Frau ist der Mann bei jedem Orgasmus zeugungsfähig.

Unter Alkoholeinfluß oder bei Müdigkeit funktioniert der Coitus Interruptus schlecht. Besonders der »Glückstropfen« vor der eigentlichen Ejakulation wird dann vergessen oder übersehen.

Sicherheit: Der Coitus Interruptus ist eine sehr unsichere Methode zur Kontrazeption. Der Mann muß vertraut sein mit seinem Körper und dem Erleben seiner Gefühle. Er muß sehr diszipliniert sein, um den Geschlechtsakt rechtzeitig zu unterbrechen bzw. abzubrechen. Dabei liegt die Sicherheit nicht nur in der Disziplin des Mannes begründet. Bereits vor der eigentlichen Ejakulation treten Spermien aus, die befruchtungsfähig sind (»Glückstropfen«)!

Wichtig: Bei Wiederholung des Geschlechtsaktes muß vorher Wasser gelassen und das Glied gewaschen werden, weil sich sonst noch Spermien am Penis oder in der Harnröhre befinden.

Sexuelles Erleben: Beim Coitus Interruptus wird das sexuelle Erleben häufig sowohl vom Mann als auch von der Frau als nicht befriedigend empfunden. Beide sind gehemmt in ihrer körperlichen Spontaneität und Unbefangenheit. Die Frau erlebt oftmals nicht den körperlichen Höhepunkt. Jedoch gibt es für beide noch andere Möglichkeiten, zu einem Orgasmus zu kommen.

Geeigneter Personenkreis: Durch seine große Unsicherheit eignet sich der Coitus Interruptus nur für wenige. Soll der Coitus Interruptus als alleiniges Verhütungsmittel angewendet werden, so muß immer mit der Möglichkeit einer Schwangerschaft gerechnet werden. Geeignet sind nur stabile und erfahrene Partnerschaften, in denen offen über Wünsche und Gefühle in der Sexualität gesprochen wird, so daß mit dem Coitus Interruptus ein befriedigendes sexuelles Erleben erreicht werden kann.

Die symptothermale Methode

Die symptothermale Methode kombiniert zwei natürliche Methoden zur Empfängnisverhütung. Zum einen wird die Temperatur (»-thermale«) gemessen, zum anderen der Zervixschleim (»Symptom«) untersucht. Dadurch wird eine sehr hohe Zuverlässigkeit in der Bestimmung der fruchtbaren Tage erreicht.

Wirkungsweise: Durch Messung der morgendlichen Aufwachtemperatur (Basaltemperatur) und Untersuchung des Schleimes im Muttermund (Zervixschleim) werden auf natürliche Weise die garantiert unfruchtbaren Tage nach dem Eisprung ermittelt.

Die unfruchtbaren Tage vor dem Eisprung müssen geschätzt werden.

Anwendung: Die symptothermale Methode kann nur angewendet werden, wenn:
- der Zyklus der Frau stabil ist,
- ein regelmäßiger Eisprung erfolgt,
- eine regelmäßige Nachtruhe von mindestens sechs Stunden gegeben ist,
- die Basaltemperatur jeden Morgen zur gleichen Zeit ermittelt und in ein Kurvenblatt eingetragen wird,
- die Frau im monatlichen Verlauf eine Veränderung ihres Zervixschleimes feststellt,
- eine Zykluskurve bereits über mehrere Monate geführt wurde, so daß sich eine Regelmäßigkeit erkennen läßt,
- die Frau Erfahrung mit ihrem Körper hat,
- das Paar an den fruchtbaren Tagen Enthaltsamkeit übt oder auf eine andere Verhütungsmethode ausweicht.

Wenn Sie jetzt verunsichert sind oder nicht mehr wissen, ob Sie die notwendigen Voraussetzungen erfüllen, lesen Sie trotzdem weiter und machen sich mit der Anwendung vertraut.

Schritt 1: Sie brauchen ein Thermometer, Stift, Kurvenblatt und eine Uhr, die Sie jeden Morgen um nahezu die gleiche Zeit weckt. Gehen Sie abends später ins Bett, so können Sie am nächsten Morgen entsprechend länger schlafen, jedoch darf die Zeitverschiebung nicht mehr als zwei Stunden betragen.

Tip: Kurvenblätter sind in der Apotheke oder bei Ihrem Gynäkologen erhältlich. Sie können sich Ihre monatliche Temperaturkurve auch selbst auf Millimeterpapier anfertigen. Ein erstes Kurvenblatt zum Heraustrennen finden Sie im Anhang dieses Buches (s. S. 176f.).

Schritt 2: Messen Sie jeden Morgen zur gleichen Zeit vor jeder Betätigung an derselben Körperstelle: entweder im After oder unter der Zunge oder in der Scheide (die Achsel ist ungeeignet) Ihre Basaltemperatur, und tragen Sie das Ergebnis sofort in das Kurvenblatt ein. Der Zyklus beginnt mit dem ersten Tag der Menstruation. Messen Sie immer mit demselben Thermometer!

Wichtig: Vermerken Sie auf Ihrem Kurvenblatt, wenn sich Abweichungen von Ihrem normalen Lebens-, Schlaf- und Gesundheitsrhythmus ergeben (z.B. Erkältungen und Infektionen, spätes Schlafengehen oder seelische Veränderungen), aber auch, wenn Sie das Messen vergessen haben.

Holen Sie die Messung später nach, so sollten Sie dies ebenfalls vermerken. Je nach Tageszeit werden einige Zehntelgrade abgezogen (nachmittags, wenn die Temperatur am höchsten ist, sieben Zehntel, abends vorm Schlafen drei Zehntel).

Temperaturverlauf im Monatszyklus

Die erste Hälfte des Zyklusabschnittes ist gekennzeichnet durch eine niedrige Temperatur. Der Eisprung kündigt sich durch einen leichten Temperaturabfall an. Bei den meisten Frauen steigt in der zweiten Zyklushälfte (ca. ab dem 15. Tag) die Temperatur um etwa 0,5 Grad an. Dies ist ein sicheres Zeichen dafür, daß eine Ovulation stattgefunden hat, die dem Temperaturanstieg ca. ein bis zwei Tage vorausgeht. Der Temperaturanstieg muß innerhalb von 48 Stunden eingetreten sein und mindestens an drei aufeinanderfolgenden Tagen um 0,2 Grad über dem bisherigen Wert liegen. Ab dem dritten Tag der Hochtemperaturphase kann eine Konzeption ausgeschlossen werden. Eine Verhütung oder Enthaltsamkeit ist dann bis zum Ende des Zyklus nicht mehr nötig.

Ausnahme: Sie müssen noch einen weiteren Sicherheitstag zugeben,

- wenn die Temperatur nach einem kurzfristigen Anstieg wieder abgefallen ist
- oder wenn der dritte Wert nach Temperaturanstieg nicht mindestens zwei Zehntelgrade über dem höchsten Wert in den sechs Tagen vor dem Temperaturanstieg liegt.

Erfolgte in dem Zyklus kein Temperaturanstieg, so hat kein Eisprung stattgefunden. Dies kann vielfältige Ursachen haben, wie z. B. Pubertät, Stillzeit oder Wechseljahre, aber auch Krankheit, Streß oder Klimawechsel. Darüber hinaus haben viele Frauen ohnehin keinen regelmäßigen Eisprung.

Ist nach dem Eisprung die Temperatur nicht abgefallen, so kann eine Schwangerschaft entstanden sein. Lesen Sie dazu die Frage: Was kann man tun, wenn es zum Geschlechtsverkehr gekommen ist und man nicht verhütet hat? (S. 142ff.).

Die unfruchtbare Phase zwischen Menstruationsbeginn und Eisprung kann nur geschätzt werden, und zwar auf der Basis der bisherigen Zyklen, die einen regelmäßigen Ovulationstermin aufweisen müssen!

Tip: Heben Sie Ihre fruchtbaren Tage graphisch oder optisch (z. B. durch rote Farbe) hervor!

Schritt 3: Gleichzeitig mit der Messung der Basaltemperatur wird die Veränderung des Zervixschleimes im Monatszyklus beobachtet. Der Schleim wird am unteren Ende des Gebärmutterhalses in Drüsen gebildet und dient während der unfruchtbaren Phase als natürlicher Verschluß des Muttermundes. Im Lauf des monatlichen Zyklus verändert sich die Konsistenz des Schleimes, mit Hilfe derer man sich an den verschiedenen Zyklusphasen orientieren kann. Die unterschiedliche Schleimstruktur entsteht durch die Veränderung des Verhältnisses von Wasser und Schleim.

Temperaturverlauf im Monatszyklus ▷

Kurvenbeispiel mit allen für die Empfängnisverhütung, die Schwangerschaftsplanung und die Zyklusbeobachtung wichtigen Eintragungen. Als unfruchtbare Tage vor dem Eisprung sind hier nur die ersten fünf angesehen.

Abdruck mit freundlicher Genehmigung von Pro familia.

PRO FAMILIA-Kurvenblatt

Monat: *Mai*

Kürzester bekannter Zyklus: ____ Tage
Aktueller Zyklus (Länge): *30* Tage

____ Tag der ersten erhöhten Messung in 12 Zyklen
____ Tag der ersten erhöhten Messung in 12 Zyklen minus 8

Temperatur nach mindestens sechs Stunden Schlaf vor dem Aufstehen gemessen
○ im Mund
○ in der Scheide
○ im Darm

Eintragungsmöglichkeit für **Mittelschmerz (M), Brustsymptom (B), Zwischenblutung (Z).**

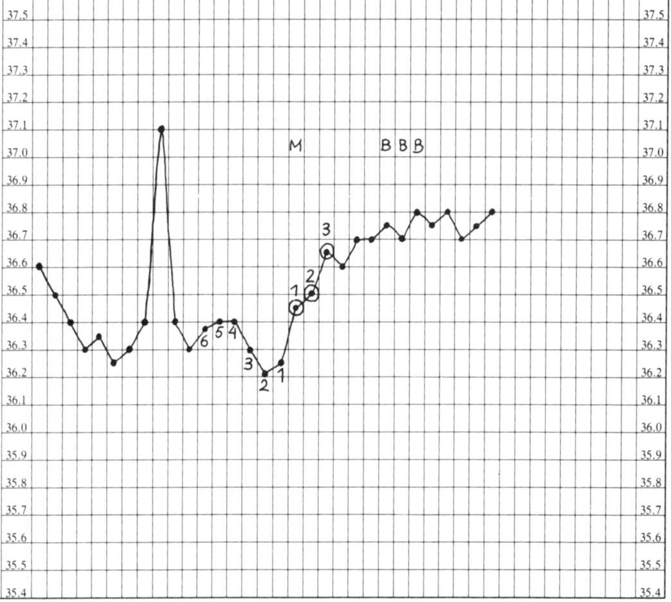

Schleimveränderungen
S = Schleim spinnbar
s = feucht, wenig Schleim
F = feucht
O = kein Schleim

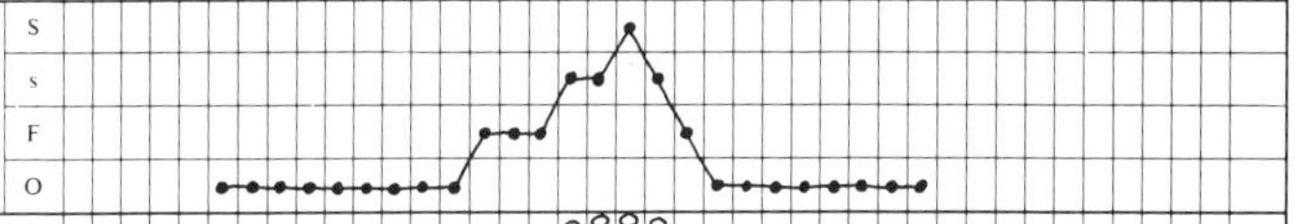

Zyklustage	Datum	Uhrzeit der Messung	Geschlechtsverkehr	Monatsblutung	Schleimhöhepunkt	Muttermund: Lage u. Öffnung	Muttermund: Festigkeit	Besonderheiten
1		8:00		▨				
2		7:00		▨				
3		7:30		▨				
4		8:00		▨				
5		8:10	X	▨				
6		8:00				o	fest	
7		8:00				o	fest	
8		8:10				o	fest	
9		10:00				o	fest	Schnupfen
10		6:20				o	fest	
11		7:00				o	fest	
12		7:30				o	fest	
13		8:00				o	fest	
14		8:00				o	fest	
15		7:00				o	fest	
16		6:30				o	fest	
17		6:00				o	fest	
18		6:00		▨		O	weich	
19		8:30				O	weich	
20		8:00			✱	O	weich	
21		7:30			1	O	weich	
22		7:30			2	o	weich	
23		8:00			3	o	fest	
24		8:00	X			o	fest	
25		8:00				o	fest	
26		9:30				o	fest	
27		8:00	X			o	fest	
28		8:00				o	fest	
29		7:00	X			o	fest	
30		7:00				o	fest	
31		8:00		▨				
32								
33								
34								
35								
36								
37								
38								
39								
40								

Besonderheiten, die den Zyklus beeinflussen können: z.B. weniger als sechs Stunden geschlafen, erkältet, bis in die Nacht getanzt, sexuelles Erleben, viel Streß, viel geraucht.

Sie prüfen den Schleim der Scheide, indem Sie ihn zwischen Daumen und Zeigefinger halten und auseinanderziehen. Läßt er sich dehnen, so steht der Eisprung bevor.

Machen Sie sich über die Entwicklung Ihres Schleimes Aufzeichnungen, z. B. große Buchstaben für eindeutig fruchtbare oder unfruchtbare Tage, kleine Buchstaben für Tage, an denen Sie sich nicht sicher sind. Verwenden Sie Buchstabenkürzel wie z. B.

t	für trocken	1. Phase	unfruchtbar
z	für zähflüssig	2. Phase	fruchtbar
gl/d	für glasig/dünnflüssig	3. Phase	fruchtbar
f/u	für fest unregelmäßig	4. Phase	unfruchtbar

Nicht bei allen Frauen tritt eine sichtbare Schleimproduktion auf! Wenn Sie äußerlich kein sichtbares Zeichen finden, untersuchen Sie Ihre Scheide innen nach Schleim. So stellen Sie auch eher Ihre fruchtbaren Tage fest. Die Schleimproduktion kann von Zyklus zu Zyklus variieren!

Veränderung des Zervixschleimes im Monatszyklus

Die Entwicklung des Zervixschleimes kann in vier Phasen eingeteilt werden, beginnend mit dem Ende der Regelblutung.

1. Phase: Nach der Periode tritt gar kein oder fast kein Schleim aus = *unfruchtbare Phase.*

2. Phase: Der Schleim vor dem Eisprung ist trüb, breiig, zähflüssig und klebrig. Durch seine Konsistenz ermöglicht er den Samenzellen eine lange Überlebensdauer = *fruchtbare Phase.*

3. Phase: Unmittelbar während oder kurz vor der Ovulation läßt sich der Schleim zwischen zwei Fingern auseinanderziehen. Er ist relativ klar und schlüpfrig = *fruchtbare Phase.* In den fruchtbaren Tagen fühlt sich der Muttermund weicher an, und Sie können die Öffnung fühlen.

4. Phase: Die Schleimproduktion läßt ungefähr vier bis sechs Tage nach dem Eisprung nach, und der Schleim wird wieder fester und unregelmäßiger = *unfruchtbare Phase.*

Die Beobachtung des Zervixschleimes ist schlecht oder nicht möglich bei

- häufigem Geschlechtsverkehr,
- Pilzbefall,
- Scheidenentzündungen,
- Anwendung von chemischen und hormonellen Kontrazeptiva.

Schritt 4: Setzen Sie die Ergebnisse Ihrer Beobachtung – die Entwicklung von der Basaltemperatur und die des Zervixschleimes – in Verbindung:

Ab dem vierten Tag nach Verschwinden des flüssigen Schleimes (Phase 3) und ab dem dritten Tag der hyperthermen Phase (Hochtemperaturphase) bis zum Beginn des neuen Zyklus kann das Einsetzen einer Schwangerschaft ausgeschlossen werden.

Leider gibt es noch keine sichere Möglichkeit, die unfruchtbaren Tage vor dem Eisprung zu ermitteln. Dieser Zeitraum kann nur geschätzt werden: Entnehmen Sie Ihren Kurvenblättern den bisher frühestmöglichen Termin des Eisprungs. Ziehen Sie davon sieben Tage ab. Ihrem Kurvenblatt entnehmen Sie auch den frühesten Beginn der zweiten Phase des Zervixschleimes. Die Zeit vor dem Termin, der dichter an die letzte Regelblutung heranzeigt, ist höchstwahrscheinlich die unfruchtbare Phase.

Tip: Ordnen Sie Ihre Monatsblätter gleichmäßig untereinander an, und kennzeichnen Sie Beginn und Ende Ihrer fruchtbaren Tage durch senkrechte Striche über das ganze Blatt!

Sicherheit: Richtig und konsequent angewendet, gehört die symptothermale Methode zu den sicheren Methoden (Pearl-Index 0,8), vorausgesetzt die Partner beschränken sich auf die garantiert unfruchtbaren Tage nach der Ovulation.

> **Wichtig:** Bis Sie vertraut mit Ihrem Körper sind und die Methode eingeübt ist, sollten Sie aus Sicherheitsgründen eventuell ein Kondom verwenden.

Und: Achtung vor der »Fruchtbarkeitsfalle«!
Mädchen und Frauen haben in der Eisprungphase mehr als sonst das Bedürfnis nach Liebe und sexueller Vereinigung. Wenn Sie sich nicht sicher sind, ob Sie der körperlichen Vereinigung in diesen fruchtbaren Tagen widerstehen können, empfehlen wir Ihnen strikte Enthaltsamkeit, oder alternativ zumindest Kondom oder Diaphragma und chemische Verhütungsmittel in greifbarer Nähe zu haben.

Nebenwirkungen: keine

Vorteile: Die Empfängnisverhütung wird durch den eigenen Willen bestimmt. Durch die Enthaltsamkeit an den fruchtbaren Tagen wird der Mann in die Kontrazeption miteinbezogen. Es erfolgt keine Manipulation des Körpers. Die Kenntnis über und die Identifikation mit dem eigenen Körper werden vertieft.

Nachteile: Einigen Paaren vermittelt diese Methode das Gefühl der Unsicherheit, da immer erst im nachhinein bekannt ist, wann der Eisprung stattgefunden hat. Auch ist diese Methode sehr aufwendig, weil sie viel Kenntnis und Erfahrung über den eigenen Körper und von beiden Partnern ein relativ hohes Maß an Disziplin verlangt. Andererseits kann das morgendliche Messen der Temperatur wie das Zähneputzen zur zweiten Gewohnheit werden. Zu beachten ist auch, wieviel Zeit und Mühe viele Frauen bei der Auswahl ihrer Kleidung, beim Schminken oder bei lang andauernden Diäten aufwenden. Im Vergleich dazu stellt das Ermitteln der morgendlichen Temperatur, der Schleimstruktur und eine kurze Notiz in das Kurvenblatt eine leichtere Übung dar.

Die lange Enthaltsamkeit während der fruchtbaren Tage kann abgekürzt werden, wenn vorübergehend auf eine mechanische oder chemische Verhütungsmethode ausgewichen wird.

Geeigneter Personenkreis: Die symptothermale Methode ist nur für Paare geeignet, die ein hohes Maß an Disziplin aufweisen, sowohl hinsichtlich der Messung und Aufzeichnung als auch hinsichtlich der Enthaltsamkeit während der fruchtbaren Tage.

Nicht angewendet werden kann die symptothermale Methode von Frauen, bei denen die oben genannten Voraussetzungen zur Anwendung nicht oder nur teilweise zutreffen.

Nicht empfohlen wird die Anwendung bei sehr jungen Paaren mit noch geringer Erfahrung und bei Paaren mit spontanem und häufigem Geschlechtsverkehr.

Tip: Verlassen Sie sich nicht auf die theoretische Unterweisung. Besprechen Sie den Temperaturverlauf etc. mit Ihrem Arzt, einer Beraterin oder einer Freundin oder mit Bekannten, die Erfahrung mit dieser Methode haben.
Einige Familienberatungsstellen veranstalten Kurse zum Erlernen der symptothermalen Methode.

Die Temperaturmethode

Die Temperaturmethode ist ein Teil der symptothermalen Methode. Sollte aus irgendwelchen Gründen die Beobachtung des Zervixschleimes bei der symptothermalen Methode nicht möglich sein, so kann die Basaltemperatur auch als alleiniger Anhaltspunkt für die Bestimmung der fruchtbaren Tage genommen werden. Bei richtiger und konsequenter Anwendung verschlechtert sich die Sicherheit nur geringfügig gegenüber der symptothermalen Methode. (Angegeben wird ein Pearl-Index von 1, wenn der Geschlechtsverkehr erst nach Ablauf der fruchtbaren Tage aufgenommen wird. Der Pearl-Index erhöht sich auf 3, wenn der Verkehr bis zu sechs Tage vor dem frühesten Ovulationstermin ausgeübt wird.) Zu Wirkungsweise, Anwendung, geeignetem Personenkreis und Vor- und Nachteilen der Temperaturmethode lesen Sie bitte die Ausführungen zur symptothermalen Methode, insbesondere Schritt eins, zwei und vier.

Die Billings-Schleimstrukturmethode

Die Schleimstrukturmethode ist neben der Temperaturmethode der zweite Teil der symptothermalen Methode, die auch für sich alleine angewendet werden kann. Voraussetzung sind eine regelmäßige Ovulation und eine ausreichende Schleimproduktion, deren Veränderung im Zyklus von Ihnen auch wahrgenommen werden kann. Vergleichen Sie zur Anwendung die Ausführungen zur symptothermalen Methode, insbesondere Schritt drei.

Sicherheit: Zur Prüfung der Zuverlässigkeit der Schleimstrukturmethode liegen verschiedene Untersuchungen vor, die extrem voneinander differierende Versagerquoten aufweisen. Die Sicherheit der Schleimstrukturmethode ist nicht höher einzustufen als die der Kalendermethode und daher als alleinige Kontrazeption nicht zu empfehlen.

Geeigneter Personenkreis: Aufgrund der hohen Versagerquote eignet sich diese Methode nur für Paare, die eine Schwangerschaft grundsätzlich nicht ausschließen wollen.

Die Kalendermethode

Wirkungsweise: Die Kalendermethode (Rhythmusmethode, Knaus-Ogino, Zeitwahlmethode) baut auf der genauen Kenntnis und Regelmäßigkeit des monatlichen Zyklus auf. Während der fruchtbaren Tage unterbleibt der Geschlechtsverkehr, oder die Partner schützen sich gegen eine ungewollte Schwangerschaft durch andere Kontrazeptionsmethoden.

Anwendung:

Schritt 1: Ungefähr zwölf Monate lang wird ein Menstruationskalender geführt, in den die Menstruationstage und die morgendliche Aufwachtemperatur eingetragen werden. Voraussetzung für Schritt zwei ist das Ablesen folgender Daten (vgl. a. Tabelle S. 86):

- wann der Eisprung erfolgt,
- daß nur ein Eisprung pro Monat erfolgt,
- daß der Eisprung regelmäßig erfolgt
- und daß der Zyklus stabil ist.

Schritt 2: Die Berechnung der periodischen Enthaltsamkeit ergibt sich aus der Ermittlung der fruchtbaren Tage der Frau (siehe dazu die symptothermale Methode, Schritt eins, zwei und drei) und der längsten Lebensdauer der Spermien (drei Tage). Es wird die fruchtbare Zeit des kürzesten und des längsten Zyklus ermittelt.

Formel: Der Abschnitt zwischen dem kürzesten Zyklus minus achtzehn Tage und dem längsten Zyklus minus elf Tage ist fruchtbar. In diesem Zeitraum muß der Geschlechtsverkehr unterbleiben.

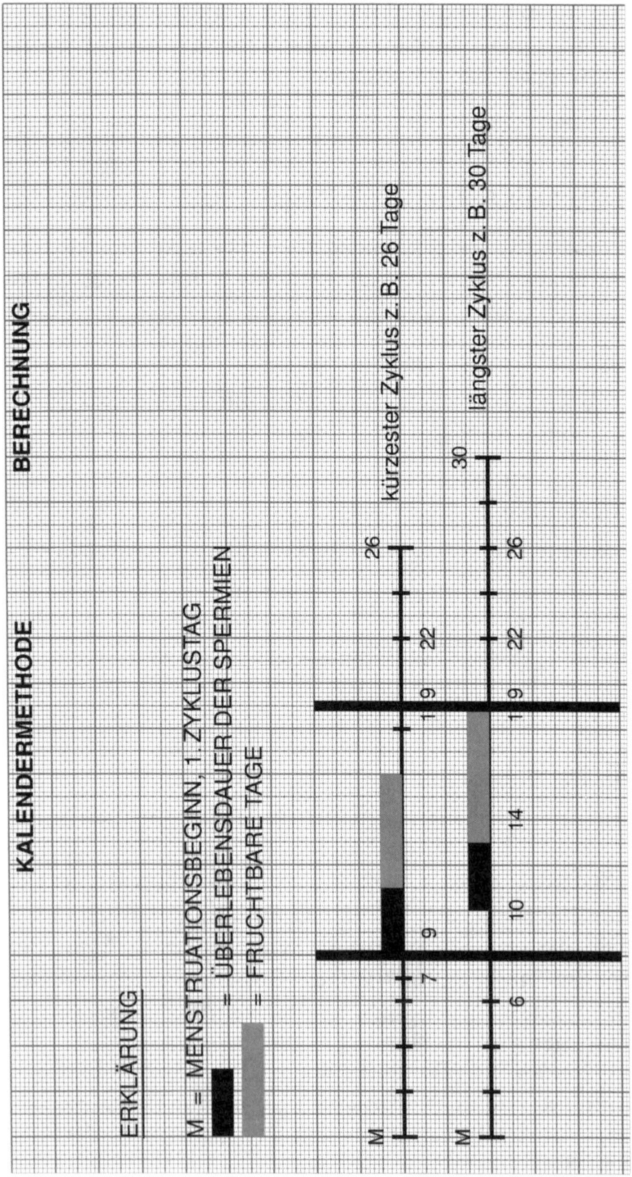
KALENDERMETHODE
BERECHNUNG
ERKLÄRUNG
M = MENSTRUATIONSBEGINN, 1. ZYKLUSTAG
= ÜBERLEBENSDAUER DER SPERMIEN
= FRUCHTBARE TAGE
M
7
9
19
22
26
kürzester Zyklus z. B. 26 Tage
M
6
10
14
19
22
26
30
längster Zyklus z. B. 30 Tage

Nach der Ermittlung der fruchtbaren Tage wird die Basaltemperatur nicht mehr gemessen.

Sicherheit: Die Kalendermethode, die auf Erfahrungswerten und einer Schätzung der fruchtbaren Zeit beruht, ist sehr unsicher und als effektiver Empfängnisschutz nicht zu empfehlen. (Der Pearl-Index liegt bei vierzehn und mehr.)

Der weibliche Körper ist keine Maschine, der regelmäßig zum selben Zeitpunkt ein befruchtungsfähiges Ei produziert. Vielmehr reagiert der Körper, speziell die Hormonproduktion, die für die Ovulation verantwortlich ist, äußerst empfindlich auf Veränderungen des gewohnten Lebensrhythmus: Die Ovulation kann ausbleiben oder sich auf mehr als ein Ei pro Monat erhöhen. Der Ovulationstermin kann sich im monatlichen Zyklus zeitlich mal nach vorne, mal nach hinten verschieben. Mögliche Einflußfaktoren, die diese Veränderung hervorrufen, können körperliche und seelische Ausnahmezustände sein: Geburten, Krankheiten, Verletzungen, Unfälle, Operationen und starke seelische Erregungen. Die Kalendermethode kann diese Veränderungen nicht aufnehmen und nicht verarbeiten.

Tip: Beim Temperaturmessen haben Sie zwölf Monate lang Ihren Körper kennengelernt. Sie haben Übung und Routine im morgendlichen Temperaturmessen und -aufzeichnen erworben. Sie können den Ovulationstermin sicher bestimmen und haben die Veränderungen Ihres Körpers im monatlichen Zyklus erfahren. Vielleicht haben Sie auch eine Veränderung in der Entwicklung Ihres Zervixschleimes festgestellt. Warum wollen Sie sich dann auf die unsichere Methode der Schätzung der fruchtbaren Zeit verlassen? Möchten Sie eine natürliche Methode zur Kontrazeption anwenden, die Ihnen eine große Sicherheit garantiert, so können Sie mit geringem Mehraufwand die symptothermale Methode anwenden.

Geeigneter Personenkreis: Anwendbar ist die Kalendermethode für Frauen mit einem regelmäßigen bestimmbaren Eisprung. Ungeeignet ist sie daher für junge Mädchen und Frauen, die noch einen unregelmäßigen Zyklus haben, sowie für Frauen, die sich in der hormonellen Umstellung befinden.

Die Kalendermethode ist kein sicherer Empfängnisschutz und kann daher nur Paaren empfohlen werden, die eine mögliche Schwangerschaft akzeptieren könnten.

Zu **Vor- und Nachteilen** der Kalendermethode vergleichen Sie bitte dengleichen Punkt bei der symptothermalen Methode.

Mechanische und chemische Methoden

Die mechanischen oder chemischen Kontrazeptiva, auch Barrieremethoden genannt, verhindern das Eindringen der Spermien in den Gebärmutterhals. Die chemischen Mittel machen die Spermien bewegungsunfähig. Die mechanischen Mittel sind für die Spermien eine Barriere, die sie nur schwer überwinden können. Werden mechanische mit chemischen Mitteln kombiniert, so sind sie relativ sicher.

Ihre **Anwendung** empfiehlt sich

- bei häufigem Partnerwechsel zum Schutz vor Infektionen (Kondom),
- bei seltenem Geschlechtsverkehr, wenn die Frau keine Pille nehmen oder die Spirale nicht tragen möchte,
- wenn medizinische Bedenken vorliegen,
- als Ergänzung zu den Methoden der natürlichen Familienplanung. Hier empfiehlt sich die Anwendung von mechanisch/chemischen Mitteln in der Zeit vor dem Eisprung zur Erhöhung der Sicherheit und während der fruchtbaren Tage, sofern währenddessen der Geschlechtsverkehr nicht ganz unterbleibt,
- bei spontanem Geschlechtsverkehr, wobei besonders auf die richtige Anwendung der Kontrazeptiva zu achten ist.

Die **Vorteile** dieser Methoden liegen eindeutig darin, daß sie nur angewendet werden, wenn es nötig ist.

Gerade Kondome sind leicht und überall zu erwerben und ihre Anwendung ist einfach und unkompliziert. Zudem ist das Kondom außer der Sterilisation die einzige zuverlässige Methode der Empfängnisverhütung für den Mann.

Wichtig: Alleine angewendet, sind alle mechanischen und chemischen Verhütungsmittel – mit Ausnahme des Kondoms – sehr unsicher.

Das Kondom

Das Kondom, auch Gummi, Präservativ, Pariser oder Überzieher genannt, ist, abgesehen von der Sterilisation, die einzig sichere Methode für den Mann, um seine Partnerin vor einer ungewollten Empfängnis zu schützen.

Wirkungsweise: Das Kondom ist ein hauchdünnes Gummi, das über den erigierten Penis gezogen wird und die austretende Samenflüssigkeit auffängt, so daß die Spermien nicht in die Scheide der Frau gelangen. Zudem sind viele Kondome mit einer Spermien abtötenden Substanz beschichtet.

Anwendungsweise:

Schritt 1: Nehmen Sie das Kondom vorsichtig aus der Verpackung. Verwenden Sie dazu keinen spitzen Gegenstand wie etwa Nagel oder Schere. Das Kondom wird vor dem Geschlechtsverkehr bei zurückgezogener Vorhaut über den erigierten und trockenen Penis gezogen, da bereits vor der eigentlichen Ejakulation Samenflüssigkeit austritt, der sogenannte »Glückstropfen«. Das Kondom wird bis zum Penisschaft abgerollt.

Tip: Sofern das Gummi nicht bereits mit Gleitmittel präpariert ist, können Sie es mit Speichel anfeuchten oder mit einer Gleitflüssigkeit versehen, um so zu verhindern, daß das Gummi beim Überziehen einreißt oder womöglich Schmerzen verursacht.
Wichtig: Das Gummi darf nicht stramm sitzen. An der Spitze muß etwas Platz für das Ejakulat bleiben, da das Gummi sonst zerreißen könnte.
Tip: Üben Sie das Überziehen des Gummis vor dem ersten Geschlechtsverkehr.

Schritt 2: Nach dem Erguß muß das Glied aus der Scheide gezogen werden, dabei wird das Kondom am oberen Rand festgehalten. Nach der Ejakulation verkleinert sich der Penis relativ schnell, so daß Samenflüssigkeit aus dem Kondom in die Scheide gelangen kann, wenn das Glied nicht rechtzeitig aus der Scheide entfernt wird.

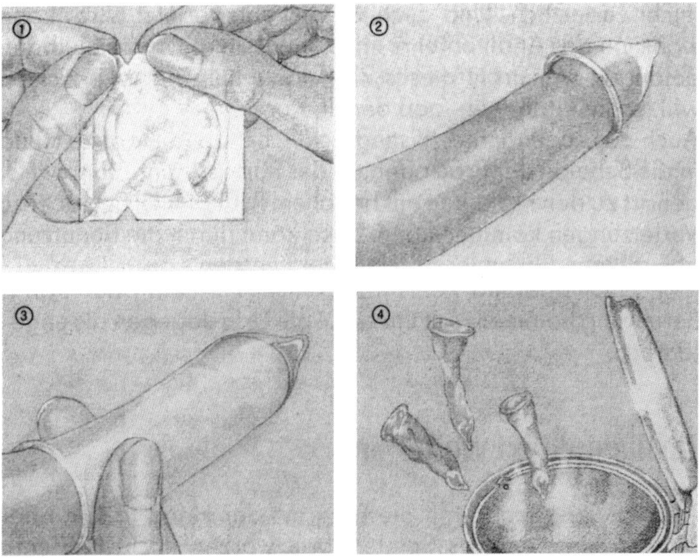

Die richtige Handhabung des Kondoms

* Abdruck mit freundlicher Genehmigung der Schering Aktiengesellschaft, Berlin

Wichtig: Das Kondom darf nur einmal verwendet werden!
Tip: Blasen Sie das Kondom nach dem Verkehr etwas auf, verknoten es fest und legen es beiseite. Entweicht Luft, so könnte es undicht gewesen sein. In diesem Fall sollten Sie einen Arzt aufsuchen und sich mit ihm über die möglichen Folgen und weiteren Schritte besprechen (vgl. auch die Ausführungen zu der Pille und der Spirale danach).

Sicherheit: Alleine angewendet, weist das Kondom einen Pearl-Index von 3 bis 6 auf. In Verbindung mit chemischen Kontrazeptiva oder dem Diaphragma erhöht sich die Sicherheit.

Hinweise zur Erhöhung der Sicherheit:

- Achten Sie beim Kauf auf das Herstellungsdatum! Bei richtiger Lagerung halten Kondom bis zu vier Jahren.
- Nehmen Sie nur elektronisch geprüfte Markenfabrikate. Kondome aus osteuropäischen Ländern erwiesen sich als nicht zuverlässig (Zeitschrift Test 26.Jhrg., Juni 1991, S.63ff.).
- Wählen Sie ein Fabrikat, das mit einer Spermien abtötenden Substanz beschichtet ist.
- Bewahren Sie das Kondom vor Licht und Wärme geschützt auf, damit das Gummi nicht löchrig oder brüchig wird.
- Wenn Sie Gleitmittel verwenden, nehmen Sie nur wasserlösliche Präparate, da fetthaltige Substanzen, wie z.B. Vaseline, das Gummi porös machen.
- Testen Sie, ob das Kondom vor Gebrauch noch luftdicht verschlossen war, anderenfalls könnte es bereits brüchig sein.

Tip: Versorgen Sie sich vor dem Urlaub mit genügend Markenkondomen.

Tip: Verhütung ist ein Thema für beide Partner. Auch die Frau kann ein Präservativ »für alle Fälle« bei sich haben.

Nebenwirkungen: keine; in seltenen Fällen kann es zu allergischen Reaktionen kommen. Hier empfiehlt sich nach Rücksprache mit dem Arzt und eventuellem Allergietest ein Wechsel auf reine Latexkondome oder auch ein Verzicht auf Kondome.

Vorteile:
- Kondome sind das Verhütungsmittel für den Mann.
- Kondome können ohne ärztliche Untersuchung und Unterweisung angewendet werden.
- Sie sind leicht zugänglich und erhältlich in Apotheken, wo sie in der Regel in der freien Auslage liegen, in Drogerien, Kaufhäusern, Supermärkten, Automaten in Rast- und Gaststätten, im Versandhandel oder auch in Spezialgeschäften.
- Kondome werden nur angewendet, wenn es notwendig ist.
- Sie sind relativ sicher.
- Kondome sind nicht gesundheitsschädlich. Im Gegenteil: Sie verhindern die Übertragung von Krankheiten, wie z. B. Geschlechtskrankheiten oder AIDS.
- Frauen erleben es als positiv, wenn auch der Mann sich um den Empfängnisschutz kümmert.
- Die Erektionsdauer wird häufig durch die Benutzung eines Kondoms verlängert. Die längere sexuelle Tätigkeit des Mannes ermöglicht einen höheren Grad der Befriedigung, besonders bei der Frau.

Nachteile:
- Selten werden Erektionsstörungen beobachtet.
- Selten sind auch Reizungen oder Mißempfindungen der Vagina.
- Einige Frauen und Männer vermissen ein richtiges Körpergefühl.
- Die Vorbereitungshandlungen kurz vor dem Geschlechtsverkehr stören meist nur, solange die Benutzung des Kondoms noch nicht vertraut ist.

Geeigneter Personenkreis: Kondome sind für alle Männer geeignet.

Die Verwendung von Kondomen als Empfängnisschutz empfiehlt sich

- für Paare, bei denen der Mann die Empfängnisverhütung übernehmen möchte,
- für Paare, bei denen andere Verhütungsmethoden aus physischen oder psychischen Gründen nicht angewendet werden können oder sollen,
- als Ergänzung zu anderen Kontrazeptiva, z. B. Methoden der natürlichen Familienplanung,
- zum Schutz vor Übertragung von Krankheiten,
- für Männer mit häufig wechselnder Partnerin.

Das Diaphragma

Das Diaphragma oder auch Scheidenpessar ist eine gewölbte Gummihaut, die von einem mit Gummi überzogenen Spiralring abgeschlossen wird. Das Diaphragma gibt es in verschiedenen Größen; es hält etwa zwei Jahre.

Die richtige Größe stellt der Arzt bei einer gynäkologischen Untersuchung fest. Sie können sich auch in einer Familienberatungsstelle informieren. Bei einem zu kleinen Pessar besteht kein zuverlässiger Schutz vor einer Empfängnis. Bei einem zu großen Diaphragma entsteht ein dauerndes Druckgefühl. Bei Veränderungen des Körpers, z. B. durch Schwangerschaft, Fehlgeburt, Abtreibung oder auch Gewichtsab- oder -zunahme, muß die Größe des Diaphragmas erneut überprüft werden. Es ist genau wie die spermiziden Mittel rezeptfrei in der Apotheke erhältlich.

Wirkungsweise: Das Diaphragma liegt vor dem Muttermund; in Verbindung mit einer Spermien abtötenden Creme, mit Gel oder Schaum (Spermizid) verhindert es das Eindringen der Samenzellen in den Gebärmutterhals.

Wichtig: Nur in Verbindung mit einem Spermizid wirkt das Diaphragma als sichere Kontrazeption! Zitronencreme und Ökopaste sind wirkungslos! Verwenden Sie nur die in Apotheken handelsüblichen Mittel! Ein Gel ist bei trockener Scheide zu empfehlen, da es die Gleitfähigkeit erhöht, eine Creme bei eher feuchter Scheide.

Sollten Sie das eine oder andere Spermizid nicht vertragen, weil z. B. unangenehme Reizerscheinungen auftraten, so lassen Sie sich von einer fachlich geschulten Person ein anderes Mittel empfehlen.

Anwendung: Vor dem Geschlechtsverkehr wird das Diaphragma mit dem Spermizid sorgfältig bestrichen und eingeführt (mindestens zehn Minuten, längstens zwei Stunden vorher). Das Diaphragma wird vor den Muttermund gelegt, wobei der hintere Teil hinter dem Muttermund, der vordere Teil auf der Innenseite des Schambeines liegt.

Sie können auch einen Einführstab benutzen, müssen aber in jedem Fall mit dem Finger kontrollieren, ob der Muttermund richtig mit der Gummihaut abgedeckt ist.

Lassen Sie sich die Anwendung durch Ihren Arzt oder eine geeignete Beratungsstelle zeigen, und üben Sie das Einsetzen vor der ersten Anwendung.

Wird das Diaphragma mehr als zwei Stunden vor dem Geschlechtsverkehr eingeführt, so muß noch unmittelbar vor dem Verkehr ein Spermizid eingeführt werden, da das Mittel vom Körper abgebaut wird oder durch den dünnflüssigen Schleim an den fruchtbaren Tagen vom Muttermund weggeschwemmt wird!

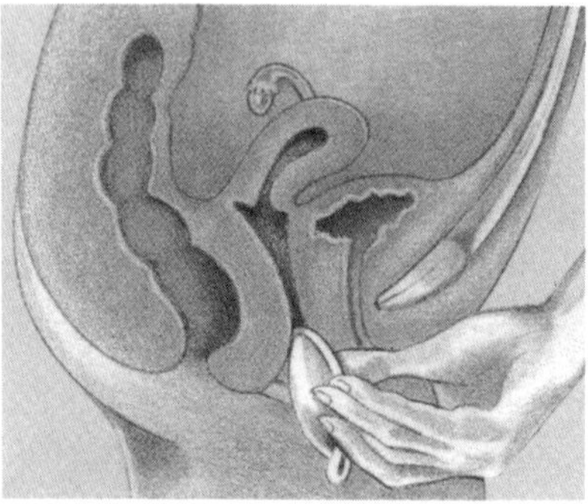

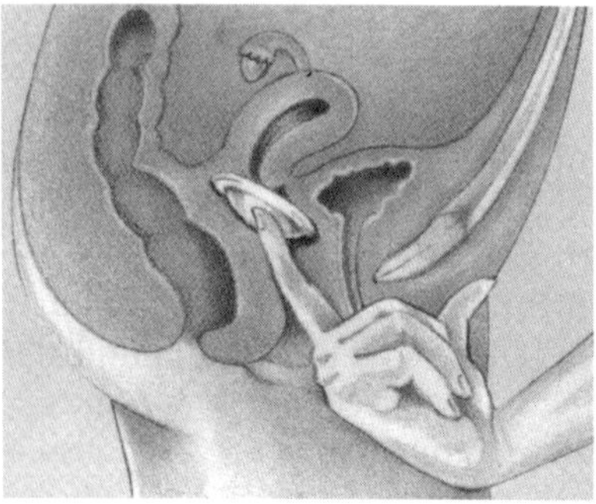

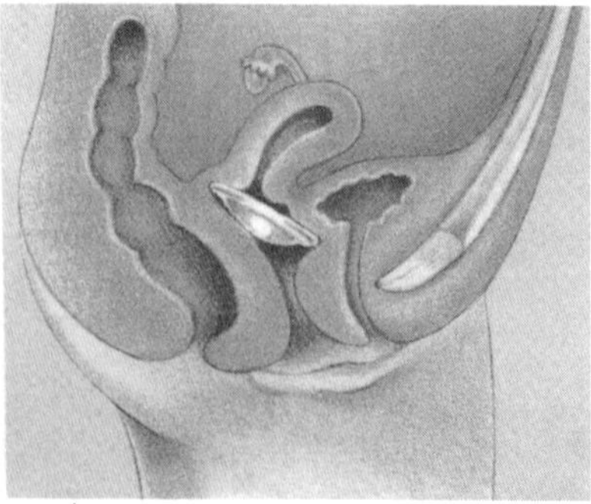

Die richtige Anwendung des Diaphragmas

Abdruck mit freundlicher Genehmigung der Schering Aktiengesellschaft, Berlin

Wichtig: Bei wiederholtem Geschlechtsverkehr muß erneut ein Spermizid eingeführt werden!

Acht Stunden nach dem Geschlechtsverkehr darf das Diaphragma entfernt werden. Erst dann können Sie davon ausgehen, daß alle Spermien abgetötet oder so sehr geschwächt sind, daß sie nicht mehr in den Gebärmutterhals eindringen können. Während dieser Zeit müssen Sie auf Baden, Schwimmen oder Scheidenspülungen verzichten.

Das Diaphragma wird behutsam mit dem Zeigefinger gelöst. Es kann bis zu 24 Stunden in der Scheide bleiben. Nach der Benutzung wird das Pessar vorsichtig mit warmem Wasser und einer milden Seife gereinigt. Eine Überprüfung auf undichte Stellen des Diaphragmas ist nach jedem Gebrauch erforderlich: Füllen Sie es z. B. mit Wasser und beachten Sie vor allem den Übergang von dem Ring zur Kuppel. Das Diaphragma muß trocken und vor Licht und Wärme geschützt aufbewahrt werden.

Wichtig: Das Diaphragma darf nicht ausgekocht werden, da sonst das Gummi brüchig und durchlässig wird! Möchten Sie Ihr Diaphragma desinfizieren, so legen Sie es in Alkohol, der in Apotheken erhältlich ist. Eine Desinfektion ist notwendig, wenn das normale Scheidenmilieu durch eine Pilzinfektion oder eine Scheidenentzündung gestört ist.

Sicherheit: Die Sicherheit des Pessars ist abhängig von
- der Verwendung der richtigen Größe,
- der zusätzlichen Benutzung eines Spermizids,
- der richtigen Handhabung.

Das Diaphragma weist einen Pearl-Index von 5 bis 7 auf.

Nebenwirkungen: Genauso wie bei einem Tampon kann der überlange Verbleib des Pessars im Körper zu eitrigen Scheidenentzündungen (*fötide Kolpitis*) führen. In Verbindung mit der chemischen Kontrazeption reizt der Fremdkörper – das Pessar – das natürliche Scheidenmilieu. Krankheitserreger bleiben hängen oder werden angezogen. Das gestörte Scheidenmilieu begünstigt besonders Pilzinfektionen.

Vorteile:
- Das Pessar wird nur angewendet, wenn es auch wirklich nötig ist.
- Der Körper wird hormonell nicht beeinflußt.
- Da das Diaphragma bereits eingesetzt werden kann (mindestens zehn Minuten, längstens zwei Stunden vorher), wenn ein Geschlechtsverkehr möglich erscheint, ist die sexuelle Spontaneität nur geringfügig beeinflußt.
- Andererseits lernt die Frau durch das Diaphragma ihren Körper besser kennen, was sich häufig in einem erfüllteren sexuellen Erleben ausdrückt.

Nachteile:
- Bei nicht individuell angepaßter Größe des Diaphragmas ist es nicht zuverlässig oder drückt.
- Viele Frauen lehnen eine ständige Manipulation an ihrem Intimbereich ab.
- Leichte Störungen des sexuellen Erlebens können auftreten, wenn die Benutzerin mit diesem Empfängnisschutz nicht einverstanden ist, sei es aufgrund der nur relativen Zuverlässigkeit oder weil sie das Pessar als Fremdkörper empfindet.

Geeigneter Personenkreis: Pessare eignen sich
- als zusätzlicher Empfängnisschutz zu anderen Methoden, z. B. natürliche Familienplanung oder Kondome,

- als Übergangslösung, wenn z. B. eine Pillenpause eingelegt oder auf eine natürliche Methode umgestiegen wird,
- wenn Geschlechtsverkehr nur relativ selten ausgeübt wird,
- wenn keine zuverlässigere Methode der Empfängnisverhütung angewendet werden kann.

Nicht angewendet werden sollte oder kann das Diaphragma bei:
- starken Scheidensenkungen,
- Scheidenentzündungen,
- narbigen Einengungen der Scheide,
- ungewöhnlicher Lage des Gebärmutterhalses,
- schwacher Muskulatur der Scheide und wenn
- Medikamente in die Scheide eingeführt werden müssen.

Die Portiokappe

Die Portiokappe hat eine ähnliche Form und Wirkungsweise wie das Diaphragma.

Wirkungsweise: Anders als das Diaphragma, das sich vom hinteren Scheidengewölbe bis zur Schambeinnische über den Muttermund spannt, saugt sich die Portiokappe durch Unterdruck am Muttermund fest und schließt so den Uteruseingang gegen aufsteigende Spermien ab.

Anwendung: Genau wie das Diaphragma führen Sie die Portiokappe, deren Größe und Form ein Gynäkologe festgestellt hat, selbst ein. Zunächst füllen Sie die Portiokappe zu einem Drittel mit einem Spermizid, in das der Muttermund dann eintaucht. Die Kappe muß spätestens 30 Minuten vor dem Verkehr eingeführt werden. Es ist notwendig, daß Sie sowohl vor wie auch nach dem Verkehr kontrollieren, ob sich die Kappe vollständig am Muttermund festgesaugt hat. Sonstige Anwendungshinweise entnehmen Sie bitte der Rubrik Diaphragma.

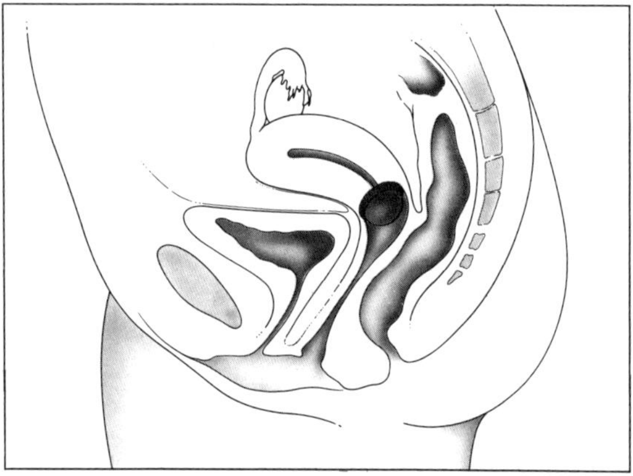

Die richtige Lage der Portiokappe

Aus »Klinik der Frauenheilkunde und Geburtshilfe« in 12 Bd. Hrsg. von K.-H. Wulf/H. Schmidt-Matthiesen, Bd. 2, 2. Auflage 1989, Verlag Urban & Schwarzenberg

Sicherheit: Die Sicherheit der Portiokappe ist geringer (Pearl-Index ≥ 7) als die des Diaphragmas.

Nebenwirkungen: Durch den Druck auf den Muttermund kann es zu Schwellungen und Abschürfungen kommen. Das Spermizid kann Irritationen hervorrufen.

Geeigneter Personenkreis: Die Portiokappe ist für Frauen geeignet, die aus anatomischen Gründen kein Diaphragma verwenden können, z. B. wenn sich aufgrund mehrerer Geburten die Gebärmutter stark gesenkt hat, oder für Frauen, die kurz nach einer Entbindung während der Stillzeit vorübergehend eine Verhütungsmethode benötigen.

Creme, Schaumovula, Gel

Chemische Kontrazeption ist uralt. Wie bei Erkältungen oder der Bekämpfung von Kinderkrankheiten wurde auch eine ungewollte Schwangerschaft mit Hausmitteln verhütet. Dank der pharmazeutischen Forschung wird heute eine Schwangerschaft nicht mehr mit einer Zitronenscheibe oder Reisschleim mit Kochsalz verhindert, sondern mit speziell in ihrer Zusammensetzung entwickelten chemischen Substanzen.

Eigentlich gehört auch die »Pille« zu den chemischen Kontrazeptiva. Aufgrund ihrer Bedeutung und andersartigen Wirkungsweise wird sie aber unter der hormonellen Empfängnisverhütung gesondert behandelt.

Wirkungsweise: Die chemischen Kontrazeptiva wirken lokal durch:
- mechanischen Verschluß des äußeren Muttermundes, so daß es den Spermien erschwert wird, in den Gebärmutterhals zu gelangen.
- Die Spermien werden möglichst schnell bewegungsunfähig gemacht und abgetötet, in dem das Spermizid die Zellhülle der Samenzelle beschädigt und damit zu deren Auflösung führt.

Anwendung: Alle chemischen Verhütungsmittel werden tief in die Scheide eingeführt bis vor den Muttermund.
- Sofort wirksam und unmittelbar vor dem Geschlechtsverkehr werden mit Hilfe eines Applikators Gel, Spray und Creme eingeführt.
- Ungefähr fünf bis zehn Minuten vor dem Geschlechtsverkehr werden Tabletten, Zäpfchen und Ovula appliziert.

Wichtig: Damit die Tabletten, Ovula und Zäpfchen sich auflösen können, muß der Feuchtigkeitsgehalt der Scheide ausreichend sein. Ansonsten entwickelt die chemische Kontrazeption nicht ihre volle Wirksamkeit. Beachten Sie die Anwendungshinweise der Hersteller!

Sicherheit: Die chemischen Methoden weisen eine mittlere Sicherheit auf. Verschiedenste Untersuchungen kamen zu unterschiedlichen Ergebnissen. Es wird ein Pearl-Index von 5 bis 10 angenommen. Wie auch bei den anderen Verhütungsmethoden hängt die Sicherheit von der richtigen Handhabung und Anwendung ab.

Bei wiederholtem Geschlechtsverkehr müssen chemische Kontrazeptiva erneut appliziert werden, da die eingeführte Menge jeweils nur für einen Samenerguß bemessen ist.

Die Anwendung chemischer Kontrazeptiva wird in Kombination mit anderen Verhütungsmethoden empfohlen, wie z. B. dem Kondom oder Diaphragma. In diesen Fällen dürfen nur wasserlösliche und nichtfetthaltige Präparate verwendet werden, da sonst das Gummi porös und damit durchlässig würde.

Nebenwirkungen: Die Verträglichkeit der chemischen Verhütungsmittel ist relativ gut. Manchmal kann das auftretende Wärmegefühl in der Scheide oder am Penis als unangenehm empfunden werden. Bei sehr empfindlichen Frauen und häufiger Anwendung kann eine Reizung der Scheidenhaut eintreten, die in seltenen Fällen zu akuten Scheidenentzündungen führen kann.

Normalerweise besteht durch die leicht sauren chemischen Verhütungsmittel, die das natürliche milchsäurehaltige Scheidenmilieu unterstützen, ein gewisser Schutz vor bakteriellen und viralen Scheidenentzündungen sowie vor sexuell übertragbaren Krankheiten.

Sollte es doch zu einer Schwangerschaft gekommen sein, so besteht kein erhöhtes Mißbildungsrisiko für den

Fetus, da nur die kräftigsten Spermien die chemische Barriere überstanden haben. Es besteht weder erhöhtes Spontanabortrisiko noch ein erhöhtes Fehlgeburtsrisiko.

Vorteile:
- Chemische Kontrazeptiva werden nur angewendet, wenn sie auch wirklich gebraucht werden.
- Sie benötigen keine große Vorbereitungszeit und sind leicht anzuwenden.
- Sie sind ohne Rezept in Apotheken, Drogerien etc. erhältlich.
- In Fällen von zu trockener Scheide kann die Feuchtigkeit der chemischen Substanzen die Gleitfähigkeit des Penis erleichtern.

Nachteile:
- Es können leichte Reizerscheinungen im Genitalbereich der Frau oder am Penis entstehen, die meist nach kurzer Zeit wieder verschwinden.
- In der Scheide oder auf dem Penis kann ein unangenehmes Wärmegefühl hervorgerufen werden.
- Zudem lehnt die Frau möglicherweise eine Manipulation im Intimbereich ab.
- Alleine angewendet, ist die Sicherheit chemischer Kontrazeptiva nicht ausreichend.
- Die angegebenen Wartezeiten müssen beachtet werden.
- Nach dem Verkehr kommt es zu Ausfluß.
- Bei besonders intimen Kontakten kann der Schaum als störend empfunden werden.

Geeigneter Personenkreis: Alle Frauen, die ein gesundes Scheidenmilieu haben, können chemische Kontrazeptiva anwenden. Ein chemischer Schutz eignet sich besonders
- zusätzlich zu einer anderen gleichzeitig angewendeten Verhütungsmethode,
- bei seltenen oder spontanen Sexualkontakten
- oder auch als Alternative zu einer sonst angewendeten sicheren Methode, wenn z. B. eine Pillenpause eingelegt wird.

Schwangerschaftsverhütung – Die Spirale

Obwohl die Spirale – das Intrauterin-Pessar – eigentlich zu den mechanischen Verhütungsmethoden gehört, soll es hier getrennt von diesen behandelt werden, da es sich hinsichtlich Wirkungsweise und Anwendung von den lokal angewendeten sonstigen mechanischen Mitteln unterscheidet.

Die Spirale verhindert nicht die Empfängnis, sondern die Einnistung des befruchteten Eies in die Gebärmutterschleimhaut. Es wird also nicht die Befruchtung, sondern eine Schwangerschaft verhindert.

Wirkungsweise: Bei der Spirale handelt es sich um einen kleinen, weichen Kunststoffkörper, der vom Arzt in die Gebärmutterhöhle (»intra-uterin«) eingelegt wird.

Es gibt verschiedene Arten von Spiralen:
- reine Kunststoff-Spiralen,
- kupferhaltige Spiralen,
- gestagenhaltige Spiralen (»Hormonspirale«).

Die reinen Kunststoff-Spiralen führen in der Gebärmutterschleimhaut zu lokalen Veränderungen: Druckstellen und kleine Schürfwunden rufen entzündliche Absonderungen hervor, die eine Ei-Einnistung (*Nidation*) erschweren.

Die Kupfer-Spiralen geben Kupferionen an ihre Umgebung ab, wodurch neben dem Fremdkörpereffekt im wesentlichen die Bewegung der Spermien und damit ihr Aufstieg in die Gebärmutterhöhle gehemmt wird. Weiterhin haben die Kupferionen einen spermienabtötenden Effekt.

Die gestagenabgebenden Spiralen haben zwei schwangerschaftsverhütende Effekte: zum einen den mechanischen lokalen Effekt eines Fremdkörpers (wie oben beschrieben), zum anderen bewirken die Hormone, ähnlich wie bei der Minipille (siehe S. 137ff.), zusätzliche Veränderungen sowohl des Schleimes im Gebärmutterhals als auch der Gebärmutterschleimhaut. Die Verflüssigung des Schleimes in der Zeit des Eisprungs bleibt aus, so daß er für die Spermien unpassierbar wird.

Anwendung: Nur auf Anraten des Arztes und nach gründlicher Anamnese und gynäkologischer Untersuchung sollte die Spirale angewendet werden. Das Intrauterin-Pessar gibt es in verschiedenen Formen und Größen je nach

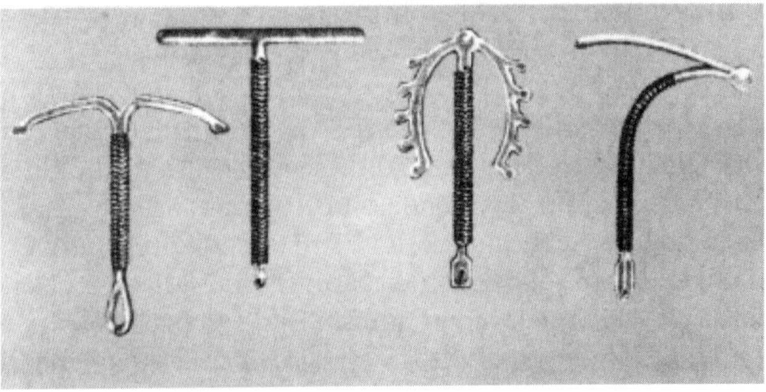

Verschiedene Formen der Spirale

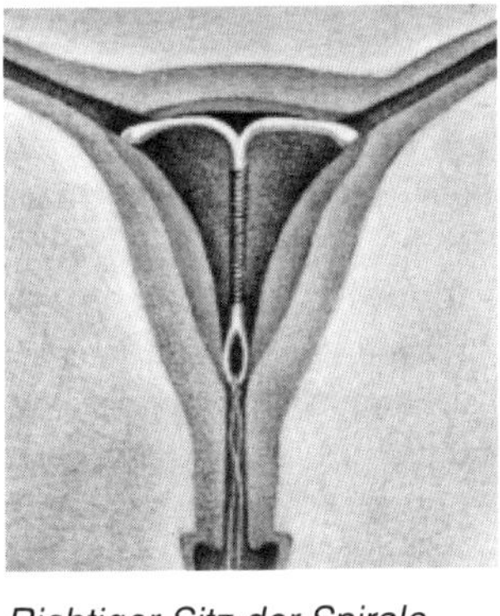

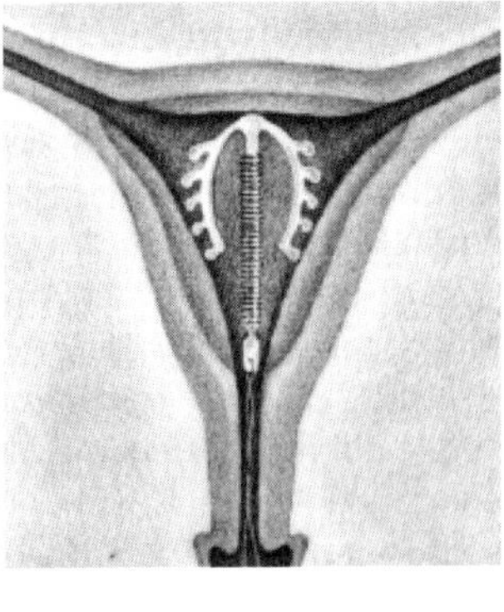

Richtiger Sitz der Spirale

Abdruck mit freundlicher Genehmigung der Schering Aktiengesellschaft, Berlin

Beschaffenheit der individuell unterschiedlichen weiblichen Uterusform und Größe. Fast alle Frauenärzte haben die gebräuchlichsten Spiralen vorrätig.

Die Spirale sollte nur vom Facharzt unter aseptischen Bedingungen eingelegt werden. Die Vagina muß vor der Applikation ausreichend desinfiziert sein, damit nicht bereits beim Einführen Keime mit in die Gebärmutter gelangen, die dann zu Entzündungen im Gebärmutterhals, in den Eileitern, der Gebärmutter oder der Bauchhöhle führen können. Gegebenenfalls kann auch eine Antibiotika-Prophylaxe durchgeführt werden.

Schritt 1: Da in den letzten Tagen der Menstruation der Muttermund weiter geöffnet ist als an den anderen Zyklustagen, legt der Arzt zu diesem Zeitpunkt mit Hilfe eines Applikators die Spirale durch den Gebärmutterhalskanal in die Gebärmutter ein. (Nur selten kommt es vor, daß bei einem sehr engen Gebärmutterhals dieser in Narkose aufgedehnt werden muß.) Der Faden der Spirale hängt ca. ein bis zwei Zentimeter durch den Uterus in die Scheide.

Nach einer Schwangerschaft oder einer Fehlgeburt kann die Spirale erst wieder eingelegt werden, wenn sich die Gebärmutter völlig zurückgebildet hat. Besprechen Sie mit Ihrem Arzt, wann nach einer Schwangerschaft der geeignete Zeitpunkt für ein erneutes Einlegen der Spirale gekommen ist oder ob eine andere Verhütungsmethode zu empfehlen ist.

Oft treten nach der Applikation der Spirale Schmierblutungen auf. Sie können bis zu zwei Wochen andauern.

Nach Einlegen der Spirale treten meist Schmerzen auf, vergleichbar mit denen der Monatsblutung. Diese sollten aber nach 24 bis 48 Stunden vergangen sein, anderenfalls sollte man den Arzt unbedingt erneut konsultieren. Bei länger dauernden starken Schmerzen sollte sofort der Arzt aufgesucht werden.

Auch wenn die Spirale vom Uterus ausgestoßen wurde, muß der Arzt aufgesucht werden.

Schritt 2: Nach ein bis zwei Wochen kontrolliert der Arzt den Sitz des Intrauterin-Pessars von der Scheide aus und mit Ultraschall. Weitere Kontrolluntersuchungen erfolgen nach der ersten Regelblutung und dann im Abstand von sechs Monaten.

Später können Sie selbst durch Erfühlen des Fadens diese Kontrollaufgabe wahrnehmen.

Wichtig: Kann kein Faden gefühlt werden, so gibt es dafür mehrere Ursachen:

- Die Spirale ist unbemerkt herausgefallen.
- Der Faden der Spirale ist zu kurz und befindet sich im Uterus.
- Selten: Die Spirale kann bei unsachgemäßer Einlage die Uteruswand durchbrechen und befindet sich in der Bauchhöhle; dann muß sie operativ entfernt werden.

In jedem Fall ist der Arzt aufzusuchen, damit er die Ursache feststellen kann. Mit ihm muß auch eine eventuelle veränderte Empfängnisverhütung besprochen werden.

Schritt 3: Die Spirale wird durch Ziehen an dem Faden entfernt. Normalerweise kann die Spirale zwei bis drei Jahre getragen werden, ohne daß ein Auswechseln oder Absetzen nötig ist. Bei der Kupfer-Spirale sollte der Wechsel alle zwei bis drei Jahre erfolgen, da dann keine Kupferteilchen mehr abgesondert werden. (Bei der Hormon-Spirale mit Gestagen sollte der Wechsel jährlich erfolgen.)

Sicherheit: Das Intrauterin-Pessar (IUP) weist eine Sicherheit von einem Pearl-Index zwischen 2 und 3 auf und gehört damit zu den relativ sicheren Methoden.

Wichtig: Gerade im ersten Jahr der Verhütung durch die Spirale besteht ein erhöhtes Schwangerschaftsrisiko. Das Intrauterin-Pessar liegt anfangs noch »lose« in der Gebärmutterhöhle, und es kann zur unbemerkten Spontanausstoßung kommen. Gerade zur Zeit der Periode besteht erhöhte Gefahr, daß das IUP herausrutscht. Kontrollieren Sie vorsichtshalber nach der Regel durch Fühlen des Fadens, ob sich die Spirale noch in der Gebärmutter befindet.
Es sollten daher in den ersten Monaten nach der Einlage der Spirale zusätzlich lokale Kontrazeptiva verwendet werden. Alle zwei bis drei Jahre muß die Spirale gewechselt werden.

Nebenwirkungen: Als Folge der Einlage einer Spirale in den Uterus können sowohl leichtere wie auch ernstere Nebenwirkungen auftreten.

Leichte Nebenwirkungen: Unmittelbar nach der Applikation des Intrauterinpessars muß mit

- Unterleibsschmerzen, der Menstruation vergleichbar,
- Schmierblutungen von ca. zwei Wochen
- und Spontanausstoß der Spirale gerechnet werden. Der Spontanausstoß der Spirale wird mit zunehmender Anwendungsdauer geringer. Dem Spontanausstoß kann medikamentös entgegengewirkt werden.
- Die Monatsblutung kann stärker werden.
- Es können Zwischenblutungen auftreten.

Ernste Nebenwirkungen:

- Das Tragen einer Spirale erhöht das Risiko einer Eileiterentzündung mit der möglichen Folge eines Eileiterverschlusses. Diese Gefahr nimmt mit jeder weiteren Eileiterentzündung überproportional zu und damit die

Gefahr einer Unfruchtbarkeit. Aus diesem Grund lehnen es viele Ärzte ab, Frauen, die noch kein Kind geboren haben, die Spirale einzusetzen.

- Bereits bei der Einlage der Spirale besteht die Gefahr einer Infektion. Durch Öffnung des Muttermundes – der sonst Uterus, Eileiter und Eierstöcke gegen Keime abschließt – können Bakterien in diesen Bereich gelangen und Infektionen hervorrufen. Ca. vier Wochen nach der Applikation ist der Uterus wieder keimfrei.
- Selten kann die Spirale die Wand des Uterus beschädigen und perforieren.

Sowohl das Risiko einer Infektion bei der Applikation wie auch der Uterusperforation kann verringert werden, wenn die Einlage sachgemäß durch einen Frauenarzt durchgeführt wird.

Nebenwirkungen in unterschiedlicher Stärke können auftreten in Form von

- Kopfschmerzen,
- Akne,
- Gewichtszunahme oder auch
- Depressionen.

Schwangerschaft trotz Spirale: Sollte trotz Intrauterin-Pessar eine Schwangerschaft eingetreten sein, so sollte die Spirale sofort entfernt werden, da immer eine große Infektionsgefahr besteht.

Kann das Intrauterin-Pessar nicht entfernt werden, so verlaufen die Schwangerschaften zu 60 Prozent normal, und die Spirale wird mit der Nachgeburt ausgestoßen. In den anderen Fällen kommt es meist zu Fehlgeburten, selten zu Haltungsanomalien des Kindes. Es besteht kein erhöhtes Mißbildungsrisiko des Kindes.

Beim Tragen der Spirale ist das Risiko einer Eileiterschwangerschaft größer und erhöht sich noch mit zunehmender Liegedauer des Intrauterin-Pessars. Sofern das befruchtete Ei nicht von selbst abgeht, muß der Arzt es operativ aus dem Eileiter entfernen.

Die Frühgeburtenrate erhöht sich bei einer Schwangerschaft mit Spirale durch die Beeinträchtigung des Fremdkörpers.

Vorteile: Das Intrauterin-Pessar ist – wenn es erst einmal appliziert ist – unkompliziert in der Anwendung. Messungen oder Anwendungshinweise müssen nicht erfolgen oder beachtet werden. Die Frau oder das Paar braucht sich über längere Zeit überhaupt »keine Gedanken« mehr um die Empfängnisverhütung zu machen. Die Spirale beeinträchtigt den Sexualverkehr in keiner Weise. Sie wirkt nicht störend beim Verkehr, da sie inwendig im Uterus getragen wird. Vorbereitungshandlungen sind nicht notwendig.

Nachteile: Das Tragen der Spirale
- vergrößert das Risiko einer Unfruchtbarkeit,
- hat mögliche Nebenwirkungen zur Folge (s. o.),
- ist ein Fremdkörper im weiblichen Körper,
- beinhaltet ethische Bedenken, da die Einnistung eines befruchteten Eies verhindert wird, was für einige Abtreibung bedeutet.

Geeigneter Personenkreis: Die Spirale ist für Frauen geeignet,
- die sich keine Kinder wünschen oder bereits geboren haben und ethisch keine Bedenken haben.
- Für Paare, die einen sicheren Empfängnisschutz wollen und bei denen die Frau die Kontrazeption übernehmen möchte. In diesen Fällen ist die Spirale eine mögliche und relativ sichere Alternative zu der Pille oder der symptothermalen Methode.
- Normalerweise ist der Kinderwunsch vor Eintritt der Wechseljahre abgeschlossen, so daß sich das Intrauterin-Pessar besonders für ältere Frauen eignet.

Nicht geeignet ist die Spirale für:
- Junge Frauen, die sich noch ein Kind wünschen oder dieses zumindest nicht ausschließen wollen.

- Für Frauen mit starken und schmerzhaften Monatsblutungen oder Zwischenblutungen, mit Blutarmut oder Blutgerinnungsstörungen,
- mit veränderten oder anormalen Formen der Gebärmutter,
- mit chronischen Unterleibsentzündungen,
- für Frauen, die bereits eine Eileiterschwangerschaft hatten
- oder die allergisch gegen Kupfer sind.

Wie wirkt die Spirale danach?

Die Spirale kann ebenso wie die Pille danach zur Schwangerschaftsverhütung eingesetzt werden, wenn es zum ungeschützten Geschlechtsverkehr gekommen ist und Gründe vorliegen, die gegen eine Östrogeneinnahme sprechen (z. B. bei starken Raucherinnen, bei einer bestehenden oder nach einer Venenthrombose, bei schwerer Zuckerkrankheit und anderen Erkrankungen). Die Einnistung einer befruchteten Eizelle kann auf diese Weise in einem Zeitraum von fünf Tagen ziemlich sicher unterbunden werden.

Aus oben genannten Gründen kann jungen Mädchen und Frauen die Spirale danach nicht empfohlen werden.

Hormonelle Methoden

Hormonelle Verhütungsmethoden werden in Deutschland derzeit von über vier Millionen Frauen eingenommen. Das sind ungefähr 40 Prozent aller Frauen im gebärfähigen Alter.

Gemeinsam ist den hormonellen Methoden, zu denen die Pille, die Depot-Kontrazeptiva, die Minipille und die Pille danach (*morning-after-pill*) gehören, daß mit ihnen eine bestimmte Menge synthetischer (= chemisch zusammengesetzter) weiblicher Geschlechtshormone dem Körper von außen zugeführt wird. Diese Hormone sind Östrogene und Gestagene, die entweder durch die Unterdrückung des Eisprungs (= *Ovulationshemmer*) oder durch die Erschwerung der Ei-Einnistung in die Gebärmutterschleimhaut (= *Nidationshemmer*) eine ungewollte Schwangerschaft verhindern.

Ovulationshemmer

Bei den Ovulationshemmern, die im Volksmund allgemein als »Pille« bezeichnet werden, handelt es sich um Hormonpräparate, die aufgrund einer bestimmten Menge an Östrogenen und Gestagenen den Eisprung verhindern. Die hormonellen Ovulationshemmer werden jedoch nicht nur in »Pillen«-Form, sondern auch als Injektion (als Spritze) mit einer längeren Wirkungsdauer vom Arzt verabreicht. Lesen Sie mehr zu diesen beiden unterschiedlichen Ovulationshemmern und ihren Anwendungsgebieten in den folgenden Abschnitten.

Die Pille

Seit ihrer Entwicklung vor 30 Jahren ist die Pille zur sichersten und häufigsten empfängnisverhütenden Methode in der Welt geworden. Der Grund für ihre schnelle Verbreitung liegt in ihrer hohen Zuverlässigkeit, sofern sie richtig angewendet wird. Aber in letzter Zeit mehren sich im Zug des wachsenden Bewußtseins für Umwelt, gesunde Ernährung und natürliche Lebensformen kritische Stimmen über die regelmäßige Hormonzufuhr durch die Pille.

Wirkungsweise: Die große Sicherheit der Pille ist darauf zurückzuführen, daß sie auf mehrere Organe und Hormone im Körper wirkt, so daß sowohl der Eisprung als auch die Befruchtung durch die Samen verhindert werden:

Sie hemmt die Aktivität der Hirnanhangsdrüse, so daß die Produktion der Eierstockhormone unterdrückt wird. Ohne Eierstockhormone kann jedoch kein befruchtungsfähiges Ei heranreifen, so daß auch der Eisprung ausbleibt. Ohne Eisprung kann es natürlich auch nicht zur Befruchtung durch die männlichen Samenzellen kommen.

Weiterhin wird die Gebärmutterschleimhaut so verändert, daß es, selbst wenn es zu einer Befruchtung kommt, für das Ei nur schwer oder gar nicht möglich ist, sich dort einzunisten.

Durch die Pille bleibt auch die Verflüssigung des Schleimes im Gebärmutterhals aus, so daß er fest und zäh und für die Spermien undurchläßlich wird.

In den Eileitern wird die Wanderung der Spermien und der Transport des befruchteten Eies behindert, somit werden sowohl eine Befruchtung als auch eine zeitgerechte Ei-Einnistung erschwert.

Aufgrund der verschiedenen Zusammensetzung und Konzentrationen der Hormone unterscheidet man zwischen den

1. höherdosierten, älteren und den
2. niedrigdosierten, moderneren Mikropillen-Präparaten.

1. Mit der sogenannten *Ein-Phasen-Pille* wird an allen Einnahmetagen die gleiche Menge an Östrogenen und Gestagenen eingenommen.

Die *Zwei-Phasen-Präparate* enthalten in der ersten Zyklushälfte nur Östrogene, wie es auch dem natürlichen Zyklus entspricht. In der zweiten Zyklushälfte enthalten die Pillen dann zusätzlich zu den Östrogenen eine gleichbleibende Menge an Gestagenen.

Bei den *Drei-Stufen-Präparaten* werden in den ersten Tagen eine niedrige Menge an Östrogenen und Gestagenen eingenommen; um den Termin des Eisprungs (ca. 11. bis 16. Zyklustag) wird die Dosis beider Hormone etwas erhöht, und in den letzten Tagen des Zyklus wird die Östrogenmenge wieder erniedrigt, während der Gestagengehalt stark erhöht wird.

Die älteren höherdosierten Präparate werden fast nicht mehr angewendet, da die Mikropille bei geringerer hormoneller Belastung des Körpers genauso sicher ist.

2. Junge und ältere Frauen nehmen heute bevorzugt die *Mikropille* (hormonarme Ein-Phasen-Pille).

Wie die herkömmliche Ein-Phasen-Pille besteht sie aus einer täglich gleichen Hormonmenge von Östrogenen und Gestagenen. Der Unterschied ist der, daß der Östrogenanteil niedriger ist als bei den älteren Pillen. Das hat folgende Vorteile:

- geringere hormonelle Belastung,
- schwächere und seltenere Nebenwirkungen (z. B. Übelkeit, Kopfschmerzen, Gewichtszunahme),
- nach Absetzen der Pille schnelleres Einpendeln von normalen Zyklen und somit bei Kinderwunsch schnellerer Eintritt einer Schwangerschaft,
- gleiche Sicherheit wie die älteren höher dosierten Präparate.

Die folgenden Empfehlungen und Informationen zur Anwendung sollen Ihnen helfen, bei der Pilleneinnahme nichts falsch zu machen, damit Sie sich auf sie verlassen können.

Einnahmedauer während eines Zyklus

Die meisten Pillen-Präparate werden 21 oder 22 Tage hintereinander eingenommen, danach folgt eine Pause von sechs bzw. sieben Tagen.

Meist setzt am zweiten bis vierten Tag nach Ende der Pilleneinnahme die Regelblutung ein. Diese ist schwächer als die normale Menstruationsblutung, weil unter der Hormonzufuhr von außen der Aufbau der Gebärmutterschleimhaut geringer ausgeprägt ist und somit weniger Gewebe abgestoßen wird. Am siebten bzw. achten Tag, nachdem Sie eine Packung aufgebraucht haben, beginnen Sie mit der ersten Tablette einer neuen Packung, auch wenn die Blutung noch andauert.

Es gibt auch Vier-Wochen-Packungen mit 28 Pillen. Hier wird täglich ohne Pause eine Pille eingenommen. Die letzten sieben Tabletten sind sogenannte »Plazebos« und enthalten keinen Wirkstoff. Dadurch soll eine regelmäßige Einnahme vereinfacht werden.

Wenn die Regelblutung trotz Pillen-Einnahme ausbleibt

Wenn Sie die Pille regelmäßig eingenommen haben, tritt normalerweise ein bis vier Tag(e) danach eine leichte Regelblutung ein. Sollte sie dennoch einmal erst nach fünf bis zehn Tagen eintreten, können verschiedene Ursachen zugrunde liegen,

- beispielsweise Sorgen und Streß, Fieber, eine Urlaubsreise oder auch Freude.
- Ein anderer Grund kann sein, daß die Östrogenmenge der Pille zu niedrig ist, so daß der Schleimhautaufbau zu gering ist und es zu keiner Gewebeabstoßung kommt.

- Bleibt Ihre Blutung nach Einnahme der Pille häufiger aus, sollten Sie zu Ihrem Frauenarzt gehen, der Ihnen unter Umständen ein Präparat mit einer höheren Menge an Östrogenen verschreibt.

Tritt Ihre Regelblutung jedoch einmal länger als sieben bis zehn Tage nach Ende der letzten Pilleneinnahme nicht ein, so sollten Sie Ihren Arzt aufsuchen. Es kommen folgende Ursachen in Betracht:

Wenn Sie absolut sicher sind, daß Sie die Pille zuvor jeden Tag genommen haben, kommen die obengenannten Gründe in Betracht, und Sie können wie gewohnt mit der ersten Pille einer neuen Packung beginnen. Natürlich können Sie, um ganz sicher zu sein, daß Sie nicht schwanger sind, entweder einen Schwangerschafts-Schnelltest aus der Apotheke durchführen oder zu Ihrem Arzt gehen, der anhand einer Hormonbestimmung im Blut ganz sicher eine Schwangerschaft bestätigen bzw. ausschließen kann. (Siehe dazu auch die Frage »Was soll ich tun, wenn meine Regelblutung ausbleibt?«, S. 38ff.)

Bleibt die Menstruation jedoch aus, wenn Sie zuvor eine oder mehrere Pillen vergessen haben, müssen Sie davon ausgehen, daß in diesem Zyklus eine Befruchtung stattgefunden hat, wenn Sie oder Ihr Partner nicht andere Verhütungsmethoden (z. B. Kondom) zuverlässig angewendet haben.

Pillen-Einnahme zu festen Tageszeiten

Die Pille muß im 24-Stunden-Takt eingenommen werden. »Alle zwei Tage mal ein Pillchen zu nehmen«, ist eher eine Gewissensberuhigung als sicherer Empfängnisschutz. Die Pille hat keine Depotwirkung für mehrere Tage, das heißt, daß sie bei unregelmäßiger Einnahme den Eisprung nicht mehr zuverlässig verhindert und dadurch die Möglichkeit besteht, in den fruchtbaren Tagen schwanger zu werden, wenn Geschlechtsverkehr in dieser Zeit stattfindet.

Wir empfehlen Ihnen, die Pille zu einer festen Tageszeit einzunehmen, um dies, wie z. B. das Zähneputzen, zu einer Gewohnheit werden zu lassen.

Tip: Legen Sie die Pillenpackung z. B. entweder in den Zahnputzbecher oder auf das Kopfkissen.
Tip: Sehr sinnvoll ist es, die Pille am Abend zu nehmen, um dann am nächsten Morgen kontrollieren zu können, ob man sie am Abend davor auch genommen hat. Diese Kontrolle ist deswegen einfach, weil auf jeder Pillenpackung die Wochentage angegeben sind.

Wenn Sie einmal die Pille vergessen haben

Haben Sie die Pille zum Beispiel einmal am Abend vergessen, können Sie sie auch am nächsten Morgen noch nehmen.

Wichtig: Sie sollten jedoch wissen, daß Sie innerhalb der nächsten zwölf Stunden nach der sonst üblichen Einnahmezeit die vergessene Pille einnehmen müssen, damit die Pille die gleiche Sicherheit gewährleistet. Nach ungefähr 36 Stunden sinkt der mit der Pille aufgebaute Hormonspiegel soweit ab, daß die körpereigene Hormonproduktion wieder aktiv wird. Somit können in den Eierstöcken erneut Eier heranreifen, die dann wieder von den Samenzellen befruchtet werden können.
Liegen mehr als 12 Stunden nach der sonst üblichen Einnahmezeit zurück, d. h. wenn

mehr als 36 Stunden seit der letzten Einnahme vergangen sind, bietet die Pille also von nun an keinen sicheren Schutz mehr, und es sollten zusätzliche Verhütungsmethoden (z. B. Kondom, andere chemische Verhütungsmittel) angewendet werden oder auf den Geschlechtsverkehr an den fruchtbaren Tagen in diesem Zyklus verzichtet werden. Die restlichen Pillen sollten Sie aber unbedingt weiternehmen, damit keine Zyklusstörungen in Form vorzeitiger Blutungen auftreten.

Ärztliche Kontrolluntersuchungen

In der Zeit, in der Sie die Pille einnehmen, sollten Sie sich in regelmäßigen Abständen, jedes halbe bis ein Jahr, von Ihrem Frauenarzt untersuchen lassen. Dabei sollte eine gynäkologische Untersuchung durchgeführt, der Blutdruck kontrolliert und über Verträglichkeit bzw. Beschwerden und unter Umständen über Wechselwirkungen mit anderen Medikamenten gesprochen werden.

Sicherheit: Die Pille gilt bei richtiger und konsequenter Anwendung als das sicherste Verhütungsmittel. Der Pearl-Index beträgt derzeit bei allen Präparaten weniger als 0,5. Das heißt, wenn 100 Frauen ein Jahr lang mit der Pille die Empfängnis verhüten, tritt statistisch gesehen bei »0,5 Frauen« eine ungewollte Schwangerschaft ein.

Die Wirksamkeit der Pille ist jedoch eingeschränkt, wenn es innerhalb von zwei bis drei Stunden nach der Pilleneinnahme zu Durchfall oder Erbrechen kommt. Es wird dann empfohlen, innerhalb von zwölf Stunden nachträglich eine weitere Pille und die anderen wie gewohnt einzunehmen.

Auch bestimmte Medikamente (einige Antibiotika, einzelne Präparate zur Behandlung von Tuberkulose, Fiebermittel, Schlaf- und Beruhigungsmittel) können die Wirksamkeit der Pille herabsetzen. Durch Stimulierung bestimmter Leberenzyme beschleunigen diese den Abbau der Pillenhormone in der Leber.

Sollten Sie neben der Pille andere Medikamente regelmäßig einnehmen, ist es ratsam, Ihren Arzt zu fragen; er wird mit Ihnen auch über die anderen empfängnisverhütenden Methoden sprechen.

Geeigneter Personenkreis: Die wichtigste Voraussetzung für die Pillenbenutzung ist, daß Sie die Pille körperlich ohne Probleme vertragen sowie daß Sie von dieser Verhütungsmethode für sich (und Ihren Partner) überzeugt sind und sie akzeptieren.

Die Pille ist besonders für die Frauen und Mädchen geeignet, die eine sehr sichere Verhütungsmethode suchen und bereit sind, durch die von außen zugeführten Hormone eine gewisse Beeinflussung ihres Hormonhaushaltes zu akzeptieren. In der relativ einfachen täglichen Einnahme der Pille sehen viele Frauen einen Vorteil gegenüber der fast ebenso sicheren symptothermalen Methode, die jedoch wesentlich mehr Disziplin und Sensibilität im Umgang mit dem eigenen Körper voraussetzt, um richtig und zuverlässig angewendet zu werden.

Sehr geeignet scheint die Pille für junge Mädchen mit einem noch unregelmäßigen Zyklus zu sein, aber auch für diejenigen Frauen, die im Umgang mit ihrem Körper und seinen regelhaften Abläufen noch nicht so vertraut sind.

Im Gegensatz zur symptothermalen Methode eignet sich die Pille für Frauen und Mädchen mit relativ häufigem und spontanem Geschlechtsverkehr mit häufig wechselnden Partnern. Voraussetzung ist, daß keine medizinischen Bedenken vorliegen.

Nebenwirkungen:

Wie jedes Arzneimittel hat auch die Pille »nützliche« und negative Nebenwirkungen. Die zugeführten Hormone beeinflussen andere Organe und ihre Funktionen, die unter Umständen aus dem natürlichen Gleichgewicht gebracht werden, in einigen Fällen aber auch günstig beeinflußt werden oder vor anderen Erkrankungen geschützt werden. Insgesamt treten Nebenwirkungen bei den heute bevorzugt eingenommenen niedrigdosierten Mikropillen nur noch relativ selten auf.

»Nützliche« Nebenwirkungen: Häufig werden die nützlichen Nebenwirkungen der Pille gar nicht erwähnt, obwohl sie nicht selten gerade aus diesen Gründen verordnet wird:

Die bei vielen Frauen auftretenden krampfartigen Regelschmerzen treten unter Einnahme der Pille nicht mehr oder nur noch sehr selten auf.

Zur Behandlung von zu langen und zu starken Regelblutungen wird die Pille eingesetzt, weil diese die Blutungen abschwächt.

Dies hat zur Folge, daß die Frauen, die die Pille benutzen, seltener an Blutarmut (*Anämie*) leiden.

Auch bei Frauen mit *Endometriose* (einer gutartigen Absiedlung von Gebärmutterschleimhautgewebe, z. B. in den Eierstöcken, im Eileiter, in der Scheide, auf dem Darm) können sich die Beschwerden nach längerer Anwendung der Pille bessern.

Der Hautarzt kann Mädchen und Frauen, die an Akne leiden, mit einer speziell dafür entwickelten Pille in etwa der Hälfte der Fälle helfen.

Auch andere Erkrankungen, die wie Akne auf eine erhöhte Produktion männlicher Geschlechtshormone (*Androgene*) zurückzuführen sind, z. B. ein männlicher Behaarungstyp bei Frauen oder eine verstärkte Talgproduktion (sehr fettige Haut und Haare), können mit dieser Pille günstig beeinflußt werden.

Es treten seltener Infektionen der inneren weiblichen Geschlechtsorgane, wie Gebärmutter-, Eileiter- und Eierstockentzündungen, auf, weil durch die Veränderung des Schleimpfropfes im Gebärmutterhals das Eindringen und Aufsteigen von Keimen erschwert wird.

Das Risiko, später an einem Eierstock- oder Gebärmutterkörperkrebs zu erkranken, soll nach heutigen Erkenntnissen niedriger sein als bei Frauen, die nie die Pille genommen haben.

Subjektive Nebenwirkungen: Hierunter versteht man Nebenwirkungen, die man nicht objektiv anhand verschiedener Kriterien messen kann. Es handelt sich dabei um individuelle Erscheinungen, die von unterschiedlichen seelischen Empfindungen beeinflußt werden können. Die psychische Einstellung der Frau bzw. der Partner zur Pille spielt eine wichtige Rolle. Es kann vorkommen, daß man aus diesen Gründen überlegen muß, eine andere Verhütungsmethode anzuwenden.

Von einigen dieser Nebenwirkungen (z. B. Übelkeit, Spannungsgefühl in den Brüsten) ist auch bekannt, daß sie eher auf die Östrogen- bzw. die Gestagenwirkung der Pille zurückzuführen sind. In diesen Fällen wird Ihnen Ihr Arzt ein Präparat geben, das das entsprechende Hormon in geringerer Dosis enthält, z. B. bei

- leichter Übelkeit, die meist innerhalb weniger Zyklen verschwindet,
- Kopfschmerzen,
- Sodbrennen,
- Müdigkeit,
- Hitzewallungen und Nervosität,
- Schlafstörungen,
- Spannungsgefühl in den Brüsten,
- Veränderungen des sexuellen Triebes (*Libido*).

Objektive Nebenwirkungen: Dies sind häufig sehr ernstzunehmende Störungen. Die häufigsten Komplikationen, die auf die Einnahme der Pille zurückgeführt werden, sind durch Kreislaufstörungen verursacht.

Es kann zu Kopfschmerzen kommen, die häufig migräneartig auftreten, so daß die Pille abgesetzt werden sollte.

Treten Sehstörungen auf, sollte baldmöglichst ein Augenarzt aufgesucht werden.

Selten treten Blutdruckerhöhungen auf, die das Risiko für Gefäßkomplikationen (Herzinfarkt, Schlaganfall, Gehirnblutung) erhöhen können.

Herz- und Gefäßerkrankungen wie Herzinfarkt, Schlaganfall und Gehirnblutung u. a. haben unter den Nebenwirkungen die größte Bedeutung. Das Risiko dieser Erkrankungen steigt erheblich an, wenn Sie neben der Pilleneinnahme regelmäßig rauchen.

Abhängig von der Dosis der in der Pille enthaltenen Hormone können die Blutfette negativ beeinflußt werden. Nach jüngsten Erkenntnissen besteht jedoch kein Risiko, daß es zu Erhöhungen des Cholesterins kommt und damit Gefäßerkrankungen begünstigt werden, wenn Sie die neueren, niedrig dosierten Mikropillen einnehmen.

Wichtig: Liegen bei Ihnen jedoch andere Risikofaktoren für Herz- und Gefäßkrankheiten vor, wie z.B. Übergewicht, hoher Blutdruck, Diabetes mit bestehenden Gefäßkomplikationen, sollten Sie auf andere Verhütungsmethoden umsteigen.

Bisher nimmt man an, daß die Pille auch das Risiko einer Thrombose erhöht. Der Grund liegt darin, daß die Pille das Gerinnungssystem des Körpers beeinflußt, so daß das Blut schneller gerinnt und dadurch eher zu einer Thrombose neigt. Frauen mit stark ausgeprägten Krampfadern und solche, die schon einmal eine Beinvenenthrombose oder eine Lungenembolie durchgemacht haben, sollten möglichst keine Pille einnehmen und andere Verhütungsmethoden bevorzugen.

Weitere mögliche Nebenwirkungen sind:

- Blutungsstörungen (Schmier- und Zwischenblutungen, Ausbleiben der Regelblutung),
- Veränderungen der Scheidenschleimhaut, wodurch eventuell Scheidenentzündungen (z. B. durch Pilze und andere Erreger) begünstigt werden,
- verstärkte Absonderung von Drüsensekret im Gebärmutterhals (schleimiger Ausfluß aus der Scheide),
- Beschwerden beim sexuellen Verkehr durch zu trokkene Scheide,
- Hautveränderungen (Pigmentierungen, vermehrte Talgproduktion, Akne, vermehrte Behaarung am gesamten Körper). (Je nach Hormonzusammensetzung ruft die Pille diese Störungen hervor oder beseitigt sie),
- Gewichtszunahme,
- Veränderung von bestimmten Laborwerten, z. B. Blutgerinnungsfaktoren, Blutsenkung, Insulin, Fettsäuren u. a. Deshalb ist es z. B. bei der Kontrolle anderer Erkrankungen auch für den Arzt wichtig zu wissen, ob Sie die Pille einnehmen.
- Die Gallensteinbildung soll begünstigt werden.
- Bestehende Lebererkrankungen können durch die Pille zusätzlich belastet werden.

Gegenanzeigen: Für welche Frau die Pille geeignet ist und für welche nicht, sollte immer ein Arzt entscheiden!

Dennoch werden hier die wichtigsten Erkrankungen genannt, die eine Pilleneinnahme »absolut« oder »relativ« verbieten:

Absolutes Verbot für die Pille besteht dann, wenn Sie

- eine bestehende tiefe Beinvenenthrombose oder Lungenembolie haben oder früher hatten,

- bereits einen Herzinfarkt oder
- einen Schlaganfall hatten,
- einen zu hohen Bluthochdruck (über 160/90 mmHg) haben,
- unter Erkrankungen der Hirn- und Augengefäße leiden,
- eine starke Raucherin und älter als 30 Jahre sind, besonders dann, wenn bei Ihnen noch andere Risikofaktoren, wie Übergewicht, Bluthochdruck oder Zuckerkrankheit, mit bereits bestehenden Gefäßveränderungen vorliegen,
- hormonempfindliche bösartige Tumore (z. B. Brust-, Leber- und Hautkrebs) haben oder hatten,
- an schweren Leberschäden leiden (in diesem Fall z. B. keine Pille bis drei Monate nach ausgeheilter Hepatitis),
- angeborene oder erworbene schwere Stoffwechselstörungen haben (z. B. insulinpflichtige Zuckerkrankheit, Fettstoffwechselstörungen),
- eine Herpesinfektion im Genitalbereich während der Schwangerschaft hatten (Schwangerschaftsbläschen).

Relatives Verbot für die Pille:

»Relatives« Verbot bedeutet, daß Sie die Pille nur unter regelmäßiger intensiver ärztlicher Überwachung einnehmen dürfen, wenn Sie
- starke Krampfadern haben,
- zuckerkrank sind (nicht insulinpflichtig),
- ab und zu unter Migräne leiden,
- epileptische Anfälle haben oder gehabt haben,
- starke Hautpigmentierungen durch die Pille bekommen haben,

- Übergewicht haben,
- eine Mastopathie (degenerative Umbauprozesse des Brustdrüsengewebes zwischen dem 35. und 50. Lebensjahr) haben,
- Endometriose (gutartige Absiedlungen der Gebärmutterschleimhaut) haben,
- gutartige Gebärmuttergeschwülste (Myome) haben,
- Ihr Baby stillen.

In welchem Alter kann ein Mädchen anfangen, die Pille zu nehmen?

Viele medizinische Bedenken, die früher gegen die Verordnung der Pille an Jugendliche bestanden, sind inzwischen ausgeräumt. So hat die Pille z. B. keinen Einfluß auf das Längenwachstum, auf die Fruchtbarkeit oder auf spätere Schwangerschaften. Ebenso wurde dem widersprochen, daß die Pille nach Absetzen unregelmäßige bzw. ausbleibende Zyklen fördert.

Bei der Verordnung werden heute Pillen bevorzugt, die relativ niedrige Hormonmengen enthalten (*Mikropille*), die von den meisten jungen Mädchen und Frauen gut vertragen werden und weniger belastend für den Körper sind.

Auch wenn der Pillenbenutzung im Jugendalter hier nicht das Wort geredet werden soll, so muß doch darauf hingewiesen werden, daß man zwischen der Pilleneinnahme und einer ungewollten Schwangerschaft im Jugendalter und damit auch zwischen einem möglichen Schwangerschaftsabbruch abwägen sollte.

Ist die Pille für eine Frau über 35 noch eine geeignete Verhütungsmethode?

Die früher verbreitete Auffassung, Frauen über 35 sollten die Pille nicht mehr nehmen, gilt heute nicht mehr. Häufig ist es gerade für eine Frau in diesem Alter wichtig, sich vor einer Schwangerschaft zu schützen, weil sie bereits mehrere Kinder hat oder weil gerade eine erste Schwangerschaft in diesem Alter mit höheren Risiken für Mutter und Kind verbunden ist. Wegen des geringeren Einflusses auf Stoffwechsel und Blutgefäße werden auch »älteren« Frauen die niedrigdosierten Mikropillen verschrieben.

Wägen Sie das Für und Wider einer Pillen-Einnahme mit Ihrem Arzt ab, der mit Ihnen zuvor folgendes besprechen wird:

Rauchen Sie? Starke Raucherinnen (mehr als zehn Zigaretten pro Tag) ab dem 30. Lebensjahr sollten die Pille nicht nehmen, weil in diesem Alter das Risiko eines Herzinfarktes ansteigt.

Wichtig: Die Kombination – Hormone + Nikotin – sollte in jedem Alter unbedingt vermieden werden! Raucherinnen sollten sich zwischen Pille und Nikotin entscheiden!

Sind Risikofaktoren wie Zuckerkrankheit, hoher Blutdruck oder starkes Übergewicht vorhanden? Diese Erkrankungen sind hohe Risikofaktoren für Gefäßerkrankungen, die durch die Wirkung der Pille ebenfalls begünstigt werden können (siehe Kapitel Nebenwirkungen).

Sind früher schon mal Nebenwirkungen aufgetreten, so daß Sie die Pille absetzen mußten?

Wie ist Ihr Allgemeinbefinden (z. B. körperliche und seelische Ausgeglichenheit, Neigung zu Depressionen etc.)?

Wissen Sie, daß die Pille auch »nützliche« Nebenwirkungen hat, wenn man sie in diesem Alter einnimmt? Die in der Pille enthaltenen Gestagene haben z. B. eine gewisse Schutzwirkung auf das Wachstum von gutartigen Gebärmutter-Geschwülsten (Myomknoten), die nach dem 30. Lebensjahr bei mehr als zwanzig Prozent der Frauen auftreten.

Welche Auswirkungen hat die Pille auf die Entstehung von Krebserkrankungen in diesem Alter? Nach heutigen Erkenntnissen nimmt man an, daß das Risiko, an einer bösartigen Geschwulst des Gebärmutterkörpers oder der Eierstöcke zu erkranken, bei Einnahme der Pille geringer ist.

Aus welchen Gründen sollte man mit der Pille aufhören?

Es gibt bestimmte, meist plötzliche Ereignisse, bei denen Sie unbedingt die Pille absetzen und einen Termin bei Ihrem Arzt vereinbaren sollten, um gemeinsam mit ihm zu besprechen, was Sie weiter tun sollen (evtl. Überweisung zu einem Spezialisten).

Das ist der Fall bei

- Migräneanfällen, wenn diese zum ersten Mal nach Einnahme der Pille auftreten,
- plötzlich auftretenden Sehstörungen (manchmal ist das der erste Hinweis auf eine Thrombose in einem Augengefäß),
- plötzlich auftretenden Beinschmerzen, eventuell schwillt ein Bein an und ist dicker als das andere (möglicher Hinweis auf eine Venenthrombose),
- Gelbsucht (z. B. durch Hepatits),
- langer Bettlägrigkeit (z. B. nach einem Unfall oder vor großen Operationen), weil dann das Risiko einer Thrombose höher ist,
- plötzlich auftretendem hohem Blutdruck,
- epileptischen Anfällen,
- Zuckerkrankheit, wenn die Zuckerwerte durcheinander geraten sind,
- einer Schwangerschaft (übrigens sind bisher bei Frauen, die in der Frühschwangerschaft die Pille eingenommen hatten, keine Häufungen von Mißbildungen des Kindes festgestellt worden).

Ist eine Pillenpause zu empfehlen?

Aus heutiger medizinischer Sicht ist es nicht notwendig, eine Pillenpause einzulegen, besonders dann nicht, wenn vorher ein regelmäßiger Zyklus bestand. Die Gründe, die früher eine Pillenpause notwendig erscheinen ließen, waren in einzelnen Fällen Blutungsstörungen oder das Ausbleiben der Menstruationsblutung nach Einnahme der letzten Pille. Heute weiß man, daß diese Störungen nur auf ungefähr zwei Prozent der Frauen, die die Pille benutzen, zutrifft und unabhängig von der Einnahmedauer auftreten.

Wichtig: Bevor Sie die Pillen-Einnahme beenden, sollten Sie daran denken, sich mit einer alternativen empfängnisverhütenden Methode vertraut zu machen, um nicht gerade in der Zeit, wo Sie die Pille nicht nehmen, ungewollt schwanger zu werden.
Es ist nicht ratsam, die Pillen-Einnahme zu häufig zu beenden bzw. wieder neu zu beginnen. Bedenken Sie, daß diese ständigen Veränderungen den Körper belasten und aus dem Gleichgewicht bringen können.

Kann die Pille unfruchtbar machen?

Man ist heute der Ansicht, daß die Pille die Fruchtbarkeit nicht beeinflußt. Wenn Sie mit der Pilleneinnahme aufhören – z. B. weil Sie sich ein Kind wünschen – tritt die erste spontane Regelblutung meistens nach vier bis sechs Wochen ein. Wenn Sie eine hormonarme Mikropille genommen haben, normalisieren sich Ihr körpereigener Zyklus und der Hormonhaushalt meistens noch schneller. Oft sind Sie bereits in den ersten Monaten nach Absetzen der Pille wieder empfängnisfähig.

Sie sollten wissen, daß die Chancen für eine Befruchtung gerade in den ersten Monaten (oft bereits im ersten Zyklus!) besonders gut sind!

● Hat die Pille Auswirkungen bei einer späteren Schwangerschaft und für das Baby?

Der Schwangerschaftsverlauf nach Absetzen der Pille bleibt, selbst wenn Sie sie mehrere Jahre eingenommen haben, ungestört. Das Risiko, eine Fehlgeburt zu erleiden, ist nicht größer als bei einer Frau, die die Pille nicht einnimmt. Auch Zwillingsgeburten treten nicht häufiger auf. Die immer wieder gestellte Frage, ob kindliche Mißbildungen häufiger auftreten, kann mit nein beantwortet werden.

● Darf die Pille während der Stillperiode genommen werden?

Um auch das geringste Risiko einer Hormonübertragung auf den Säugling auszuschließen, wird stillenden Müttern von der Anwendung der Pille abgeraten. Häufig wird die sogenannte Minipille für diese Zeit empfohlen, die nur Gestagene enthält.

Nehmen Sie die Pille bereits einige Tage nach der Entbindung ein, müssen Sie mit einer verminderten Milchproduktion rechnen. Beginnen Sie jedoch erst dann, wenn das Stillen schon voll im Gang ist (z. B. drei Wochen nach der Entbindung), wird die Milchbildung nicht eingeschränkt. Weitere Informationen darüber finden Sie unter der Frage »Welche Methode wende ich nach der Geburt eines Kindes an?« In jedem Fall sollten Sie vorher darüber mit Ihrem Arzt sprechen!

Wann darf ich mit der Pilleneinnahme nach einer Entbindung bzw. nach einer Fehlgeburt erneut beginnen?

Nach einer Entbindung oder Fehlgeburt können Sie nach vier Wochen mit der erneuten Pilleneinnahme beginnen, sofern Sie nicht stillen! Medizinisch empfohlen ist jedoch eine Pillenpause von ca. zwei bis drei Monaten, bis sich die schwangerschaftsbedingten körperlichen Veränderungen wieder vollständig zurückgebildet haben. Sehen Sie hierzu auch die Frage »Welche Methode wende ich nach der Geburt eines Kindes an?«

Kann die Pille in Kombination mit anderen Medikamenten genommen werden?

Handelt es sich z. B. um normale Schmerzmittel, so ist die Kombination unbedenklich. Hingegen wird bei einer gleichzeitigen Einnahme von Pille und bestimmten Beruhigungsmitteln der Abbau von Östrogenen und Gestagenen beschleunigt, so daß dadurch die Wirksamkeit der Pille herabgesetzt wird. Das gleiche gilt für Abführ- oder Migränemittel, deren gleichzeitige Einnahme mit der Pille Sie vermeiden sollten. In Zweifelsfällen nehmen Sie bitte Rücksprache mit Ihrem Arzt.

Ist bekannt, ob die Pille Krebs verursachen oder verhindern kann?

Aufgrund der großen Bedeutung dieser Frage wurden dazu in den letzten Jahren viele Untersuchungen durchgeführt. Dabei hat sich zum Beispiel gezeigt, daß besonders die Gestagene in der Pille die Entstehung von Eierstock- und Gebärmutterkrebs hemmen können. Die

Wirkung der Pille auf die Zellen des Gebärmutterhalses ist noch nicht eindeutig nachgewiesen.

Anders scheinen die in der Pille enthaltenen Hormone auf die Brustkrebsentstehung zu wirken: Den neuesten Untersuchungen zufolge ist zwar kein unmittelbarer Zusammenhang zwischen Pilleneinnahme und Brustkrebsentstehung bewiesen. Jedoch weiß man bereits seit längerem, daß der Brustkrebs durch Hormone bzw. durch hormonelle Veränderungen (wie zum Beispiel frühe erste Regelblutung, späte Menopause, Zyklen ohne Eisprung, wie sie auch durch die Pille hervorgerufen werden, aber auch Kinderlosigkeit) beeinflußt werden kann. Liegen neben diesen eben aufgezählten Besonderheiten noch weitere vor, kann unter Umständen das Risiko, an Brustkrebs zu erkranken, zunehmen.

Wenn Sie weitere Fragen zu diesem Thema haben, wenden Sie sich vertrauensvoll an Ihren Arzt, der Ihnen ausführlicher und individueller Auskunft darüber geben kann.

Kann ich mit der Pille meine Regel verschieben?

Das ganze Jahr haben Sie sich auf Ihren Urlaub gefreut, und nun fällt Ihre Periode genau in diese Zeit. Das muß nicht sein. Wenn Sie die Pilleneinnahme vorzeitig abbrechen, verlegen Sie den Termin Ihrer nächsten Periode vor. Wenn Sie die Pille direkt in Anschluß an die letzte Packung weiternehmen, können Sie die nächste Blutung um einige Tage hinauszögern. Diese Möglichkeit sollte jedoch auf Ausnahmen beschränkt bleiben, damit das hormonelle Gleichgewicht Ihres Körpers nicht zu sehr aus dem Takt gebracht wird. Auf alle Fälle sollten Sie darüber mit Ihrem Arzt sprechen.

Wichtig: Wenn Sie in Länder reisen, bei denen sich eine deutliche Zeitverschiebung ergibt, sollten Sie sich vorher bei Ihrem Arzt oder dem Hersteller Ihres Pillenpräparates nach den optimalen Einnahmezeiten erkundigen.

Tip: Überprüfen Sie vor der Reise, ob Ihr Pillenvorrat für die Urlaubszeit reicht. Für Notfälle sollten Sie immer eine Extra-Packung oder den Beipackzettel in der Handtasche oder dem Portemonnaie aufbewahren, damit Ihnen auch in einer ausländischen Apotheke geholfen werden kann.

Gibt es die Pille für den Mann?

Hormonelle Methoden der Kontrazeption wie die »Pille für den Mann« oder eine Behandlung durch Spritzen sind noch in der Erprobung und haben bisher zu keinen zufriedenstellenden Ergebnissen geführt.

Vor- und Nachteile der Pille

Vorteile	Nachteile
Hohe Sicherheit Fruchtbarkeit bleibt voll erhalten. Keine negativen Wirkungen auf spätere Schwangerschaften und die Entwicklung des Fetus Keine Vorbereitungshandlungen vor dem sexuellen Kontakt Meist gute Verträglichkeit Ohne Bedenken anwendbar bei jungen Mädchen und Frauen	Tägliche Einnahme erforderlich Beeinflussung des Hormonhaushaltes Es gibt medizinische Gründe, die die Einnahme verbieten. Es gibt Gründe, die während der Einnahme zum Absetzen zwingen.
Folgende nützliche Nebenwirkungen sind möglich bei: – Regelschmerzen – zu starken Blutungen – Blutarmut – Endometriose – Myomen – Akne – vermehrter Talgproduktion – männlichem Behaarungstyp – Zyklusstörungen – Schutz vor einigen bösartigen Geschwülsten	*Folgende negative Nebenwirkungen sind möglich:* – »subjektive«, besonders in den ersten Anwendungsmonaten – Zyklusstörungen, Schmier-, Zwischenblutungen, Ausbleiben der Blutung – Risikofaktor (besonders bei gleichzeitigem Nikotinkonsum) – Gefäßerkrankungen (Thrombose, Herzinfarkt, Schlaganfall und Lungenembolie)

Depot-Kontrazeptiva/»Drei-Monats-Spritze«

Depot-Kontrazeptiva enthalten Hormone, die besonders lange im Körper wirken. Je nach Präparat müssen sie alle drei Monate, seltener alle vier Wochen verabreicht werden und verhindern so für diese Zeit den Eisprung. Die Hormone der Depot-Präparate werden nicht in Pillenform eingenommen, sondern als Flüssigkeit von einem Arzt in die Gesäßmuskulatur gespritzt.

Wirkungsweise: Die Depot-Präparate (am bekanntesten ist die »Drei-Monats-Spritze«) enthalten eine relativ hohe Dosis eines langwirkenden Gestagens, das die Eireifung und damit den Eisprung verhindert. Zusätzlich wirkt es wie die Pille auf den Schleim des Gebärmutterhalses, so daß die normalerweise stattfindende Verflüssigung während des Eisprungs ausbleibt und somit ein Hindernis für die aufsteigenden Spermien darstellt. Auch die Gebärmutterschleimhaut wird nur ungenügend aufgebaut, so daß sich ein befruchtetes Ei nicht einnisten kann.

Anwendung: Die Depot-Präparate werden einmal am fünften Zyklustag, gewöhnlich in die Gesäßmuskulatur, injiziert (wie z. B. eine Tetanusimpfung), so daß für einen Zeitraum von drei Monaten eine zuverlässige Kontrazeption besteht. Während der dreimonatigen Wirkdauer der Gestagene müssen Sie keine zusätzlichen Verhütungsmethoden anwenden.

Die Injektion wird nur vom Arzt vorgenommen, so daß Sie alle drei Monate zu Ihrem Arzt gehen müssen.

Sicherheit: Die Sicherheit der hormonellen Depot-Präparate ist vergleichbar mit der der Pille. Die Versagerquote (Pearl-Index) beträgt wie bei der Pille 0,5.

Da bei dieser Methode der Arzt die kontrazeptiv wirkenden Hormone verabreicht, kann die Sicherheit nicht wie bei der Pille oder der Minipille durch Einnahmefehler herabgesetzt werden. Allerdings dürfen Sie nicht vergessen, alle drei Monate zu Ihrem Arzt zu gehen.

Geeigneter Personenkreis: Aufgrund der häufig auftretenden Zyklusstörungen (siehe Nebenwirkungen) eignet sich diese Methode nur für Frauen, die auf keinen Fall schwanger werden möchten oder dürfen und die nicht in der Lage sind, z. B. die Pille regelmäßig zu nehmen oder denen die Spirale nicht empfohlen wird!

In einigen Fällen können sich medizinische Indikationen für die Anwendung ergeben, wie z. B. bei Frauen mit zu häufigen, zu starken oder zu langen Periodenblutungen; bei gutartigen Knoten in der Brust (Mastopathie) oder bei zyklusabhängigen Migränen. Hier können die Gestagene eine günstige Wirkung erzielen, indem sie diese Störungen abschwächen.

Wichtig: Jungen Mädchen und jungen Frauen mit Kinderwunsch kann diese Methode der Empfängnisverhütung nicht empfohlen werden, da die Menstruation auch nach dem Absetzen der Drei-Monats-Spritze häufig sechs bis zwölf Monate ausbleibt, bis sich der normale Zyklus wieder einpendelt.

Nebenwirkungen: Die häufigsten Nebenwirkungen sind Zyklusstörungen in Form von Schmier- oder ausbleibenden monatlichen Blutungen. Der Zyklusrhythmus kann während der Anwendung völlig durcheinandergeraten und benötigt oftmals auch nach Absetzen der Hormone mehrere Monate, bis er seine natürliche Periodik wieder findet. Die Erklärung dafür ist folgende: Unter dem ständigen Einfluß von Gestagenen wird bereits in der ersten Zyklushälfte der Aufbau der Gebärmutterschleimhaut gehemmt, so daß eine Ei-Einnistung unmöglich wird. Andererseits »degeneriert« die Gebärmutterschleimhaut dadurch, daß nur wenig oder kein Gewebe vorhanden ist, welches abgestoßen werden kann, wodurch die Blutung nur schwach oder gar nicht eintritt.

Andere gestagenbetonte Nebenwirkungen sind in einigen Fällen Gewichtszunahme, Depressionen, Müdigkeit, Hitzewallungen, Kopfschmerzen, Abnahme der Libido und Beschwerden beim Geschlechtsverkehr aufgrund einer zu trockenen Scheide.

Hormonelle Verhütungsmethoden ohne Ovulationshemmung

Die Minipille

Auch die Minipille gehört in die Gruppe der hormonellen Verhütungsmethoden; sie ist jedoch kein Ovulationshemmer und verhindert nicht den Eisprung wie die Pille oder die Depot-Kontrazeptiva.

Wichtig: Die Minipille darf nicht verwechselt werden mit der niedrigdosierten Mikropille. Während die Mikropille immer aus Östrogenen und Gestagenen besteht, ist die Minipille eine reine Gestagenpille.

Wirkungsweise: Die Minipille wirkt dadurch empfängnisverhütend, daß
- die Verflüssigung des Zervixschleimes um die Zeit des Eisprungs herum ausbleibt, so daß er für die Spermien unpassierbar wird und die Spermien nicht in die Gebärmutterhöhle aufsteigen können;
- die Gebärmutterschleimhaut nur unvollständig umgewandelt wird, so daß sich das befruchtete Ei dort nur schwer oder gar nicht einnisten kann;
- die Bewegungen innerhalb der Eileiter herabgesetzt werden, wodurch der Transport des befruchteten Eies von den Eileitern zur Gebärmutterhöhle erschwert wird und eine zeitgerechte Einnistung des Eies verhindert wird.

Anwendung: Die Minipille wird vom Arzt verschrieben, den Sie auch jedes halbe Jahr zu einer Kontrolluntersuchung konsultieren sollten.

Die Einnahme erfolgt täglich ohne Intervall zur selben Zeit.

Wichtig: Damit Sie mit der Minipille einen sicheren Empfängnisschutz haben, müssen Sie diese jeden Tag unbedingt um die gleiche Zeit einnehmen!
Die normale Einnahmezeit darf nicht mehr als drei Stunden überschritten werden! Die Minipille verliert aufgrund ihrer niedrigen Hormondosis relativ schnell ihre Wirkung.

Tip: Die einfachste Methode, diese Präparate wirklich regelmäßig einzunehmen, ist die Einnahme am Morgen nach dem Aufstehen, z. B. nach dem Zähneputzen.
Eine andere Möglichkeit ist eine Armbanduhr mit Wecker, die Sie an die Einnahme erinnert.

Sicherheit: Die Sicherheit der Minipille ist gegenüber der Pille deutlich niedriger. Die Versagerquote (Pearl-Index) liegt bei 3. Die geringere Sicherheit ist hauptsächlich darauf zurückzuführen, daß sie häufig nicht exakt zur gleichen Zeit eingenommen wird und dadurch an Zuverlässigkeit verliert.

Geeigneter Personenkreis: Diese Verhütungsmethode eignet sich nur für Frauen, die mit großer Selbstdisziplin die Minipille jeden Tag regelmäßig und pünktlich einnehmen. Das ist beispielsweise dann der Fall, wenn Sie einen geregelten Tagesablauf haben. Anderenfalls sollten Sie eine andere Verhütungsmethode wählen.

In erster Linie wird die Minipille Frauen empfohlen, die die Ovulationshemmer (Pille) nicht vertragen oder bei denen medizinische Gründe bestehen, die eine Östrogeneinnahme verbieten (z. B. wenn Sie eine Beinvenenthrombose gehabt haben oder wenn Sie zuckerkrank sind). Auch wenn Sie die Spirale nicht vertragen oder Ihr Arzt Ihnen abrät, diese zu benutzen, weil Sie noch keine Kinder geboren haben, bietet die Minipille eine alternative Methode zur Empfängnisverhütung.

Es gibt auch Frauen, die sowohl die Pille als auch die Spirale als empfängnisverhütende Methode ablehnen und die hormonarme, östrogenfreie Minipille bevorzugen.

Häufig wird die Minipille Frauen empfohlen, die nach der Geburt ihr Baby stillen. In dieser Zeit sollten Sie die Pille nicht anwenden, da die Östrogene in geringen Mengen in die Muttermilch übergehen können, was zu Störungen der Milchproduktion, unter Umständen aber auch zu Veränderungen beim Kind, wie z. B. geringe Vergrößerung der Brustdrüsen, führen kann (lesen Sie hierzu auch die Frage: »Welche Methode wende ich nach der Geburt eines Kindes an?«).

Die Minipille sollten Sie nach einer Entbindung erst nach einem Gespräch mit Ihrem Arzt einnehmen. Die Minipille dürfen Sie auch während der Stillzeit nehmen, da es eine reine Gestagenpille ist.

Jungen Mädchen wird die Minipille wegen der häufig auftretenden Zyklusstörungen (siehe dazu Nebenwirkungen) im allgemeinen nicht empfohlen.

Nebenwirkungen: Die häufigsten Nebenwirkungen der Minipille sind Zyklusstörungen, die etwa bei einem Drittel der Frauen auftreten. Diese Störungen sind in erster Linie zeitliche Verschiebungen, Schmierblutungen oder manchmal sogar ausbleibende Blutungen. Das führt häufig zu Unsicherheiten, ob man schwanger ist oder nicht. Meistens klingen diese Störungen jedoch nach mehrmonatiger Anwendung ab. Sollte dies nach vier bis sechs Zyklen nicht geschehen sein, so müssen Sie den Arzt aufsuchen.

Auch andere Nebenwirkungen wie Appetitzunahme, Schwindelgefühl, depressive Verstimmungen und Abnahme des Geschlechtstriebes (*Libido*), die auf die Gestagenwirkung zurückzuführen sind, klingen meist nach den ersten Einnahmezyklen ab.

In seltenen Fällen treten sogenannte Follikelzysten in den Eierstöcken auf. Das sind vergrößerte Eifollikel (Ei mit seiner Hülle), die vermehrt Flüssigkeit enthalten. Diese können bei einer veränderten Hormonrelation durch das Überwiegen des Gestagens entstehen. Vergrößerte Eifollikel sind nicht gesundheitsschädlich, können aber durch Druck zu Schmerzen führen. Bei Beschwerden sollten Sie Ihren Arzt aufsuchen.

Die ausschließliche Gestagenverabreichung kann das Risiko einer Pilzinfektion im äußeren Genitalbereich aufgrund des veränderten Scheidenmilieus durch den Östrogenmangel begünstigen.

● Wie verhalte ich mich, wenn ich die Minipille länger als drei Stunden nach der gewohnten Einnahmezeit nicht eingenommen habe?

Für diesen Zyklus haben Sie durch die Minipille keinen Empfängnisschutz mehr. Wir empfehlen Ihnen auf Barrieremethoden zurückzugreifen. Die restlichen Pillen müssen Sie in diesem Zyklus allerdings weiternehmen, um den Hormonspiegel im Gleichgewicht zu halten.

Die Pille danach

Die Pille danach, auch »morning-after-pill« genannt, ist keine empfängnisverhütende Methode, die Sie – wie beispielsweise die Pille, die Spirale oder die natürlichen Methoden – vor dem Geschlechtsverkehr anwenden, sondern die die Möglichkeit bietet, auch nach einem ungeschützten Verkehr eine Schwangerschaft zu verhindern. Sie gehört wie die Pille, die Depot-Kontrazeptiva und die Minipille zu den hormonellen Verhütungsmethoden, sollte jedoch nur in Ausnahmefällen angewendet werden, da ihre Hormonkonzentration relativ hoch ist.

Wirkungsweise: Die Pille danach verhindert wie die Spirale die Einnistung des befruchteten Eies in der Gebärmutterschleimhaut. In der Zeit zwischen der Befruchtung und der Ei-Einnistung beeinträchtigt sie den Aufbau der Gebärmutterschleimhaut.

Als zweiter Wirkungsmechanismus wird angenommen, daß sie die Bewegung der Eileiter sowohl herauf- wie auch herabzusetzen vermag und so den Eitransport in die Gebärmutterhöhle behindert bzw. das Ei zu früh in der Gebärmutter ankommen läßt, wo die Schleimhaut noch nicht vorbereitet ist.

Wichtig: Es handelt sich hier nicht um eine Abtreibung, die nach Aussage des § 218 erst dann stattfindet, wenn Eingriffe nach dem Ende der Einnistung erfolgen!

Anwendung: Wie der Name »morning-after-pill« schon sagt, nehmen Sie diese Pille am Morgen bzw. am nächsten Tag nach dem ungeschützten Verkehr ein. Zuvor sind Sie zu Ihrem Arzt gegangen, der Ihnen, wenn keine Bedenken vorliegen, die Pille danach verschrieben hat.

Wichtig: Da die Pille danach nur eine »Notlösung« einer Schwangerschaftsverhütung ist, sollten Sie diese nach einem ungeschützten Geschlechtsverkehr nur dann anwenden, wenn dieser in den fruchtbaren Tagen stattgefunden hat. Denn nur dann ist mit einer Befruchtung zu rechnen. Viele Frauen berichten, daß sie gespürt haben, wie die Gebärmutter den Samen aufgenommen hat, im Gegensatz zu den unfruchtbaren Tagen, in denen er den Uterus nicht passieren konnte.

Wichtig: Die Pille danach sollte nicht öfter als einmal im Zyklus angewendet werden, weil sie eine unerwünschte Hormonbelastung bedeutet und schwere Zyklusstörungen nach sich ziehen kann! Sie sollten also bis zur nächsten Monatsblutung jeden ungeschützten Verkehr vermeiden! Findet im gleichen Zyklus noch einmal Geschlechtsverkehr statt, sollten Sie zur Schwangerschaftsverhütung mechanische und chemische Methoden anwenden.

● Was kann ich tun, wenn ungeschützter Geschlechtsverkehr um den Termin des Eisprungs herum stattgefunden hat?

Nach ungeschütztem Verkehr haben Sie bis zu 48 Stunden Zeit, die Pille danach einzunehmen! Das heißt, daß Sie nicht mitten in der Nacht einen Arzt aufsuchen müssen, der Ihnen diese Pille verschreibt. Sie können mit dem Arztbesuch bis zum nächsten Morgen warten; der Arzt stellt Ihnen dann ein Rezept aus, mit dem Sie in der Apotheke das Präparat für ungefähr DM 10 kaufen können.

Je früher Sie mit der Einnahme beginnen, um so zuverlässiger ist die Wirkung. Die ersten beiden Dragees sind so bald wie möglich, spätestens aber 48 Stunden nach dem Verkehr einzunehmen. Die restlichen zwei Dragees sollten zwölf Stunden später eingenommen werden.

Tip: Die Dragees sollten möglichst nicht auf leeren Magen eingenommen werden, da Übelkeit entstehen kann, die dann möglicherweise zum Erbrechen führt. Bei Erbrechen sollten Sie die Einnahme von zwei Dragees innerhalb von zwei Stunden wiederholen!

Sicherheit: Die Zuverlässigkeit der Pille danach ist sehr hoch. Sie liegt bei richtiger Anwendung bei 99 Prozent. Ist jedoch bereits eine Ei-Einnistung in die Gebärmutterschleimhaut erfolgt, weil Sie zum Beispiel die Pille danach zu spät eingenommen haben, ist eine Schwangerschaft nicht mehr zu verhindern. Wie bei der Pille kann die Wirksamkeit und damit die Sicherheit der Pille danach durch einzelne, regelmäßig einzunehmende Medikamente herabgesetzt werden. Lesen Sie bitte dazu das Kapitel Sicherheit der Pille.

Nebenwirkungen: Vereinzelt kommt es aufgrund der hohen Hormonkonzentrationen zu einem leichten Spannungsgefühl in der Brust oder selten zu Erbrechen. Die nächste Monatsblutung kann früher oder auch später als gewohnt beginnen.

Wichtig: In jedem Fall sollten Sie drei bis vier Wochen nach der Einnahme zu Ihrem Arzt zu einer Nachuntersuchung gehen; auch dann, wenn die Regelblutung eingetreten ist.

Geeigneter Personenkreis: Die Pille danach ist für alle Frauen geeignet, bei denen es zu einem ungeschützten Verkehr gekommen ist oder ein anderes Verhütungsmittel versagt hat, wie z. B. ein geplatztes oder abgerutschtes Kondom. Die Pille danach ist auch eine wirkliche Hilfe für Frauen, die vergewaltigt wurden.

Haben Sie schon einmal eine Thrombose, eine Lungenembolie oder einen Herzinfarkt gehabt, oder sind zuckerkrank? So sollten Sie unbedingt vorher mit Ihrem Arzt darüber sprechen. Der kann Ihnen in diesem Fall die Spirale danach (siehe S. 111) einsetzen, sofern aus medizinischen Gründen nichts dagegen spricht.

Neuheiten auf dem Gebiet der Empfängnisverhütung

Wie auf anderen Gebieten, zum Beispiel in der Medizin oder der Pharmaindustrie, werden natürlich auch die Erkenntnisse im Bereich der Empfängnisverhütung aufgrund von Untersuchungs- und Forschungsergebnissen ständig weiter entwickelt. So gibt es heute bereits eine Reihe von neuartigen, zum Teil sicher noch verbesserungsfähigen oder noch in der Erprobung befindlichen Methoden, eine Schwangerschaft natürlich oder auch hormonell zu verhindern. Bezeichnenderweise ist in bezug auf hormonelle Verhütungsmethoden für den Mann noch viel Grundlagenforschung zu leisten. Bisher gibt es noch keine Pille für den Mann auf dem Markt.

Bereits auf dem deutschen Markt zugelassene Hilfsmittel, aber auf Nachfrage längst (noch) nicht in allen Apotheken für die Frau erhältlich, sind die folgenden:

Der sogenannte *Babycomputer* entspricht einem etwas größeren Thermometer, der die Temperaturmethode zu erleichtern versucht. Mit einem Thermofühler wird ungefähr eine Minute lang unter der Zunge die morgendliche Aufwachtemperatur gemessen, die das Gerät genauer als ein normales Thermometer aufzeichnen und speichern kann. Theoretisch bedeutet das, daß Sie die täglichen Werte nicht mehr auf ein Kurvenblatt übertragen müssen, weil jeder Temperaturwert zu jedem Zeitpunkt des Zyklus auf einem Bildschirm abrufbar ist. In der Praxis jedoch müssen Sie wie bei der herkömmlichen Temperaturmethode die Auswertung des Kurvenverlaufes selbst vornehmen, das heißt, Sie müssen erkennen, wann Sie in der unfruchtbaren bzw. in der fruchtbaren Zeit sind.

Weil auch dieser Babycomputer wie das Thermometer größere Temperaturschwankungen bei Erkältungen oder auch psychischen Veränderungen registriert, ergibt sich eigentlich kein wesentlicher Vorteil gegenüber der traditionellen Temperaturmethode, welche zudem billiger ist.

Inzwischen gibt es auch schon neuere Modelle, zum Beispiel in Form einer *Armbanduhr,* die Ihnen über rotes oder grünes Licht signalisieren, ob Sie sich gerade in den unfruchtbaren bzw. in den fruchtbaren Tagen befinden und ob damit ein Empfängnisrisiko besteht oder nicht.

Diese Uhr basiert auf dem Rechenprogramm eines durchschnittlichen Menstruationszyklus von 28 Tagen. Das bedeutet, daß die individuellen Zyklusschwankungen dabei nicht berücksichtigt werden.

Deshalb garantiert diese Methode keinesfalls eine zufriedenstellende Sicherheit und erfordert einen zusätzlichen Empfängnisschutz, was sowohl die schweizerische Herstellungsfirma als auch eine Münchener Vertriebsgesellschaft einräumen.

Zu haben sind Babycomputer und Uhr rezeptfrei in Apotheken für circa DM 70 bis 100.

Ebenfalls neu zugelassen ist der sogenannte *Fruchtbarkeitstester*: Dies ist ein mikroskopähnliches Gerät, das die Struktur des Speichels untersucht, etwa vergleichbar mit der vaginalen Schleimstrukturmethode. Im getrockneten Speichel ist normalerweise eine »Farnstruktur« unter Östrogeneinwirkung, etwa zwei bis drei Tage vor und einen bis zwei Tage nach dem Eisprung, erkennbar.

Ein ähnliches Hilfsmittel, welches ebenfalls die Farnstruktur im Speichel anzeigen kann, ist das *Minimikroskop*. Der getrocknete Speichel wird auf die Lupe des Mikroskops gelegt, das entweder eine gepunktete (ungefährliche Tage) oder farnkrautähnliche Kristallstruktur (gefährliche Tage) sichtbar werden läßt.

Nicht bei jeder Frau ist dieses Farnkrautphänomen ganz eindeutig zu beurteilen. Sie sollten, wenn Sie eine größtmögliche Sicherheit wünschen, neben der Zuhilfenahme dieser Geräte eine andere empfängnisverhütende Methode (zum Beispiel ein Kondom oder ein chemisches Mittel) anwenden.

Beide Geräte sind ebenfalls ohne Rezept in Apotheken erhältlich und kosten zwischen DM 70 und 100.

Eine andere neu entwickelte Methode ist der *Eisprungtest*: Dabei handelt es sich um einen Urintest, der auf das Hormon reagiert, welches zur Auslösung des Eisprungs in relativ großer Menge gebildet und im Urin ausgeschieden wird. Dieser Test funktioniert ähnlich wie ein Schwangerschaftstest, bei dem das im Mutterkuchen gebildete Schwangerschaftshormon ebenfalls im Urin ausgeschieden wird und mit dem Teststäbchen reagiert.

Der Eisprungtest ist relativ sicher und in der Apotheke für circa DM 80 erhältlich.

Operative Methoden der Empfängnisverhütung

Die operativen Methoden unterscheiden sich von den anderen Methoden dadurch, daß sie zu einer sehr selten rückgängig zu machenden Unfruchtbarkeit (*Sterilität*) führen; und dadurch, daß sie im Gegensatz zu den vorher beschriebenen Methoden sowohl bei der Frau als auch beim Mann durchgeführt werden können. Bei der Frau werden die Eileiter und beim Mann die Samenleiter durchtrennt, so daß eine Vereinigung von Ei- und Samenzelle nicht mehr erfolgen kann.

Die operative Unfruchtbarmachung als empfängnisverhütende Methode ist in Deutschland weniger verbreitet als zum Beispiel in den USA, England, den Niederlanden, der Schweiz, Indien, Japan und anderen Ländern. Nach einer Umfrage waren in Deutschland 1985 6,1 Prozent der Frauen und nur 1,3 Prozent der Männer sterilisiert. In den USA hingegen rangiert die Sterilisation mit 14 Prozent bei den Frauen und 10 Prozent bei den Männern (1987) weit vor der Pille (weniger als 20 Prozent) als Verhütungsmethode.

Die Sterilisation kann aus medizinischen, genetischen oder sozialen Gründen durchgeführt werden.

Medizinische Gründe sind zum Beispiel:

- Liegen schwere Erbkrankheiten in der Familie vor, ist es ratsam, aus genetischen Gründen eine Sterilisation durchzuführen, damit diese nicht von Generation zu Generation weitergegeben werden.
- Wenn die Mutter an einer schweren Erkrankung leidet,
- drei oder mehr Kaiserschnitte hinter sich hat.
- Die Frau die Pille oder andere Verhütungsmethoden nicht verträgt
- oder die Familienplanung abgeschlossen ist.

Soziale Gründe betreffen Paare, die sich für eine Sterilisierung entschlossen haben,

- weil ihre Familienplanung aufgrund mehrerer Kinder,
- ihres Alters,
- ihrer finanziellen Situation abgeschlossen ist
- oder weil sie sich keine Kinder wünschen.

Normalerweise führt man jedoch eine Sterilisation durch

- nicht vor dem 30. Lebensjahr, wenn bereits Kinder da sind,
- erst nach dem 35. Lebensjahr, wenn das Paar noch keine Kinder hat.

Wichtig: Es liegt auf der Hand, daß diese Methode nicht »eben mal schnell ausprobiert« werden kann! Sie sollten davon ausgehen, daß eine Sterilisation weder bei der Frau noch beim Mann rückgängig zu machen ist und Sie sich deshalb mit Ihrem Partner ganz sicher sein müssen, daß sie keine Kinder (mehr) haben wollen. Wägen Sie gemeinsam die operative Sterilisation gegen andere sichere empfängnisverhütende Methoden ausreichend ab, bevor Sie sich für die Sterilisation entscheiden. Auch sollten Sie berücksichtigen, daß unerwartete Veränderungen im Privatleben (z. B. Scheidung, erneute Heirat, Tod eines Partners oder eines Kindes) eintreten können, und Sie sich (erneut) ein Kind wünschen. Vielleicht entsteht auch der Wunsch nach einem »Nachzügler«, wenn die Kinder schon größer sind.

Auch wenn die Sterilisation bei Frau und Mann durchgeführt werden kann, ist es natürlich sinnvoll, daß sich nur ein Partner sterilisieren läßt. Wer von beiden die Sterilisierung durchführen lassen sollte, hängt von mehreren Faktoren ab, so zum Beispiel vom Alter, vom Gesundheitszustand, von der psychischen Belastbarkeit, von der genetischen (erblichen) Belastung u. a. Sind beide Partner zu einer Sterilisation bereit und liegen keine Gegengründe für den einen oder anderen Partner vor, ist es sinnvoller, wenn der Mann sie durchführen läßt, weil bei ihm die Sterilisation einfacher, schneller und risikoärmer durchgeführt werden kann als bei der Frau. Außerdem sind die Chancen einer Refertilisierung (Wiederfruchtbarmachung) beim Mann höher.

Sterilisation des Mannes

Wie wird die Sterilisation beim Mann durchgeführt?

Den Eingriff nimmt ein Urologe ambulant vor. Die Samenleiter werden meist in örtlicher Betäubung unterbrochen. Die Stellen links und rechts in der Leistengegend, an der die Samenstränge durchtrennt werden sollen, werden betäubt. Von beiden Samenleitern wird ein kleines Stück herausgenommen.

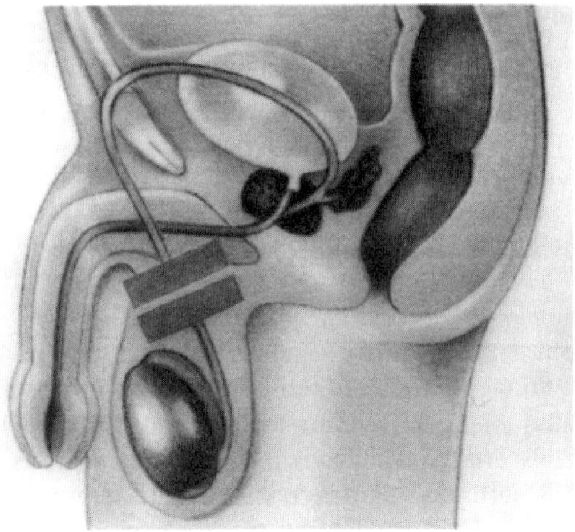

Sterilisation des Mannes

Abdruck mit freundlicher Genehmigung der Schering Aktiengesellschaft, Berlin

Der gesamte Eingriff dauert ca. 15 bis 25 Minuten. Die örtliche Betäubung klingt wie beim Zahnarzt meistens nach einer viertel bis halben Stunde ab. Nach dem Eingriff kann es zu leichten, ziehenden Schmerzen in der Leistengegend kommen, die entweder durch den Einstich der

Betäubung, durch die Gewebeverletzung oder durch die Wundnähte (Narben) verursacht werden. In den meisten Fällen ist die Sterilisation beim Mann – operativ betrachtet – mit einem Eingriff beim Zahnarzt zu vergleichen. Natürlich hat die Unfruchtbarmachung einen weitaus höheren Stellenwert als ein zahnärztlicher Eingriff. Aber von der psychischen Bedeutung abgesehen, fühlt sich der Mann nach Abklingen der Anästhesie meistens wieder relativ fit und leistungsfähig, so daß man sich nicht mehr als einen halben bis ganzen Tag beurlauben lassen muß.

Wichtig: Es spricht auch nichts dagegen, so früh wie möglich (wenn keine Narben- oder Wundschmerzen mehr bestehen) den Geschlechtsverkehr wieder aufzunehmen, dann allerdings zunächst mit Empfängnisschutz, denn noch befinden sich befruchtungsfähige Spermien besonders in Prostata und Samenbläschen.

Vom Arzt untersuchte Ejakulatsproben sollten vier bis sechs Wochen nach der Sterilisation keine lebensfähigen Spermien mehr aufweisen. Erst dann kann eine Vasektomie als erfolgreich abgeschlossen gelten, andere Verhütungsmethoden brauchen nicht mehr angewendet zu werden. Am besten Sie tragen am Operationstag weite Hosen, damit danach die Kleidung nicht auf die Narben drückt.

Was ändert sich nach der Sterilisation?

Eigentlich bleibt nach der Sterilisation, bis auf die Samenausschüttung, alles beim alten. Die Lust, das sexuelle Empfinden und die Erektionsfähigkeit werden nicht beeinträchtigt. Die Hoden erzeugen wie bisher die Samen, die jetzt jedoch nicht mehr über die durchtrennten Samenstränge hinausgelangen können, sondern vom Körper absorbiert werden. Prostata und Bläschendrüse sondern weiterhin die gleiche Menge Flüssigkeit ab, so daß es zur Ejakulation kommt, aber ohne Samen.

Ist der Mann nach der Sterilisation noch zeugungsfähig?

Ja, und zwar solange sich noch lebensfähige Spermien in den Samenleitern bzw. in Prostata und Samenblase aufhalten. Da die Spermien ungefähr zwei Monate in den Samenleitern mobil und befruchtungsfähig sind, kann und muß also bis zu zwei Monaten nach der Sterilisation mit einer Befruchtung gerechnet werden!

Tip: Wenden Sie in den ersten acht bis zehn Wochen nach der Sterilisation Ihre bisherige Verhütungsmethode an!

Gibt es die Möglichkeit, die Sterilisation wieder rückgängig zu machen?

Es gibt Möglichkeiten, die durchtrennten Samenleiter wieder miteinander zu verbinden. Dieses Verfahren ist operativ sehr aufwendig, weil die feinen Strukturen der beiden Samenleiterenden wieder »nahtlos« miteinander verbunden werden müssen. Da die Samenleiter lediglich den Transportweg für die Spermien darstellen und nicht – wie die Eileiter der Frau Ernährungsfunktion haben –, sind die Chancen für eine Refertilisierung beim Mann besser als bei der Frau. War die Operation erfolgreich, so sind die Samenleiter für die Samenzellen, die weiter in den Hoden produziert wurden, wieder durchlässig.

Sterilisation der Frau

● Wie wird die Sterilisation bei der Frau durchgeführt?

Um den Eitransport und damit die Befruchtung in den Eileitern zu verhindern, müssen die Eileiter durchtrennt werden. Dies erfordert einen wesentlich komplizierteren chirurgischen Eingriff als beim Mann.
Es gibt unterschiedliche operative Methoden: Die Eileiter können entweder

- elektrisch verschmolzen (koaguliert),
- mit einem dünnen Faden unterbunden
- oder durch kleine Clips (eine Art kleine Metallklammern) verschlossen werden.

Je nach den anatomischen bzw. den strukturellen Verhältnissen wird manchmal auch ein kleines Stück der Eileiter entfernt.

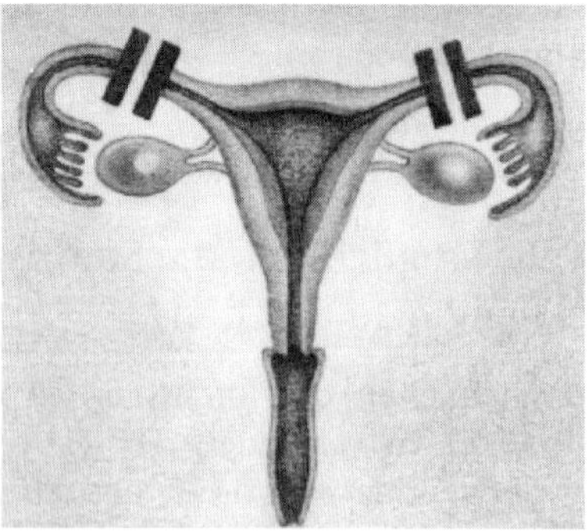

Sterilisation bei der Frau

Abdruck mit freundlicher Genehmigung der Schering Aktiengesellschaft, Berlin

Wichtig ist, daß b e i d e Eileiter unterbrochen werden. Andernfalls besteht weiterhin eine ca. 50prozentige Wahrscheinlichkeit schwanger zu werden!

Die Sterilisation kann entweder über eine Bauchspiegelung oder über einen Bauchschnitt durchgeführt werden. Der Unterschied zwischen diesen beiden am häufigsten angewandten Methoden besteht darin, daß man bei der zweiten Methode mit einem kleinen Bauchschnitt (10–15 Zentimeter) an der Schamhaargrenze den Bauchraum öffnet, während man bei der ersten nur zwei kleine Einstiche unterhalb des Nabels macht. Durch das eine Loch führt man eine Art »Taschenlampe« ein, um damit den Bauchraum auszuleuchten (= Bauchspiegelung); durch das andere wird eine Art Zange oder »elektrisches Messer« geschoben, mit der/mit dem man die Eileiter durchtrennen kann. Da die erste Methode den Vorteil hat, daß sie nicht so lange dauert, nur winzige Narben hinterläßt und genauso sicher ist, hat sich heute die Sterilisation per Bauchspiegelung durchgesetzt. Die zweite Methode wird in den meisten Fällen nur angewendet, wenn die Sterilisation im Zug einer anderen (gynäkologischen) Operation oder eines Kaiserschnittes durchgeführt wird.

Wenn Sie mit Ihrem Partner entschieden haben, daß Sie sich sterilisieren lassen möchten, gehen Sie zu Ihrem Frauenarzt, um gemeinsam mit ihm und eventuell mit Ihrem Partner Unklarheiten und Einzelheiten der Operation zu besprechen. Wenn Ihr Arzt den Eingriff nicht selbst durchführt, wird er Sie in eine gynäkologische Klinik überweisen.

Wichtig: Der Eingriff muß immer in einem Krankenhaus, in Vollnarkose, durchgeführt werden.

Der gesamte operative Eingriff dauert ungefähr eine halbe bis dreiviertel Stunde. Um die Eileiter zu durchtrennen, benötigt der Arzt, je nach anatomischen Verhältnissen, ca. fünf bis zwanzig Minuten.

Sofern keine Narkose- oder andere Komplikationen auftreten, müssen Sie einen Krankenhausaufenthalt von zwei bis drei Tagen einplanen.

Eine Sterilisation durch Entfernung der Gebärmutter ist als Verhütungsmethode vollkommen unangemessen, da sie einen großen operativen Eingriff bedeuten würde. Eine Entfernung der Gebärmutter löst zwar keine hormonellen Störungen aus, die monatliche Regelblutung würde aber ausbleiben.

Die Gebärmutter sollte nur auf dringenden ärztlichen Rat hin entfernt werden.

Welche Komplikationen können nach einer Sterilisation auftreten?

Nach einer Sterilisation können sowohl operative als auch seelische Komplikationen auftreten.

Die *operativen* treten relativ schnell nach dem Eingriff auf, weil sie mit diesem direkt zusammenhängen. Das können zum Beispiel Entzündungen des Bauchschnittes (Narbe) oder der Einstichstelle sein, aber auch Entzündungen im Unterleib, die manchmal mit Fieber einhergehen. Auch kann es vorkommen, daß die Narkose nicht vertragen wird, so daß Kreislaufprobleme, Kopfschmerzen, Unwohlsein, Übelkeit und anderes mehr die Folge sein können. Diese Komplikationen sind im allgemeinen sehr selten (unter drei Prozent).

Das Gefühl, »nicht mehr fruchtbar zu sein«, kann durchaus bei beiden Partnern zu *psychischen* Problemen, auch innerhalb der Partnerschaft, führen. Man fühlt sich »kastriert«, wie ein »Neutrum« und entwickelt Minderwertigkeitskomplexe. Weil man nicht mehr zeugungsfähig ist, hat man das Gefühl, den Partner nicht mehr sexuell erregen zu können. Dies kann zu Depressionen und Schuldgefühlen führen.

Wichtig: Im allgemeinen ist es günstiger, die Entscheidung für eine Sterilisation nicht während oder kurz nach einer Schwangerschaft, im Wochenbett, zu treffen.

Tip: Wählen Sie eine Zeit, in der Sie körperlich und emotional unbelastet sind und sich ohne Druck entscheiden können. Lassen Sie die Entscheidung über einen längeren Zeitraum reifen!

Hat die Sterilisation Auswirkungen auf den weiblichen Zyklus?

Viele Frauen befürchten, durch die Sterilisation vorzeitig in die Wechseljahre zu kommen. Wird diese sorgfältig durchgeführt, ändern sich weder der weibliche Zyklus, die monatliche Regelblutung noch das sexuelle Verlangen und Empfinden.

Da lediglich die beiden Eileiter durchtrennt werden, die als Transportweg und Befruchtungsort für Ei- und Samenzelle dienen, reifen die Eizellen wie zuvor alle vier Wochen in den funktionstüchtigen Eierstöcken heran, bis es zur Ovulation kommt. Die reife, gesprungene Eizelle wandert durch den ersten Teil des Eileiters bis zur durchtrennten Stelle. Da sie dort nicht von einer Samenzelle befruchtet werden kann, wird sie abgebaut. Daraufhin setzt zur gewohnten Zeit, alle vier Wochen, die Regelblutung ein.

Wie sicher ist die Sterilisation?

Trotz der höchsten Sicherheit dieser Methode (99 bis 99,5 Prozent) bietet auch die operative Sterilisation keine 100prozentige Garantie, nie schwanger zu werden! Ein

»Rest-Risiko« von ca. 0,5 bis 1 Prozent bleibt auch bei dieser Methode bestehen!

Selbst wenn beide Eileiter korrekt, wie oben beschrieben, durchtrennt worden sind, können sie in seltenen Fällen im Lauf der Zeit wieder zusammenwachsen. Wurden sie mit einem dünnen Faden oder Clip unterbunden, können sich diese auflösen bzw. ablösen, so daß die Eileiter wieder für Ei- und Samenzellen passierbar sind.

Gibt es Möglichkeiten, die operative Sterilisation wieder rückgängig zu machen?

Ja, es gibt heute operative Möglichkeiten, die Fruchtbarkeit wieder herzustellen, wenngleich auch die Chancen für eine Schwangerschaft relativ gering sind.

Mit kleinen und sehr feinen Instrumenten kann versucht werden, die Ei- bzw. Samenleiter wieder zu vereinigen, indem man zum Beispiel die vorhandenen durchgängigen Teile miteinander vorsichtig vernäht oder ein röhrchenähnliches Zwischenstück einfügt. Dieses ist eine mühsame Kleinarbeit und hört sich einfacher an, als es tatsächlich ist. Besonders die Eileiter haben innen eine empfindliche Schleimhaut, die wichtige Aufgaben für den Transport und die Ernährung des befruchteten Eies übernimmt. Bei jedem operativen Eingriff werden Teile dieser Schleimhautstrukturen zerstört. Nur in 10 bis 30 Prozent kommt es zu einer (erneuten) Schwangerschaft.

Wer trägt die Kosten für eine Sterilisation?

Seit 1975 werden die Kosten der operativen Sterilisation von Frau und Mann (»sonstige Hilfe-Richtlinie« des § 218) von allen RVO-Krankenkassen übernommen.

Anhang

Der Schwangerschaftsabbruch

Das Thema Abtreibung wird im privaten wie öffentlichen Bereich heftig diskutiert. Meist enden die Gespräche in einer Polarisierung zwischen den Befürwortern der Fristenlösung unter dem Motto »Mein Bauch gehört mir« und den Abtreibungsgegnern, die von »Mord« sprechen. Einig sind sich aber alle darin, daß das ungeborene Leben zu schützen ist. Auch uns Autorinnen hat das Thema nicht kalt gelassen. Wir lehnen Abtreibung als Mittel der Familienplanung ab. Weder die Fristenlösung noch das Strafrecht sind zufriedenstellende Lösungsansätze, um die ca. 250 000 Abtreibungen, die jedes Jahr in der BRD vorgenommen werden, dauerhaft zu senken.

Vielmehr ist Abtreibung ein gesellschaftliches Problem. Die Verantwortung beginnt vor dem ersten Geschlechtsverkehr, damit es erst gar nicht zu einer ungewollten Schwangerschaft kommt. Dabei geht es nicht nur um die objektive Kenntnis der verschiedenen Methoden der Kontrazeption. Vielmehr muß die Empfängnisverhütung in der öffentlichen Diskussion enttabuisiert werden, genauso wie auch zwischen den Partnern. Während Sexualität in den Medien in den letzten Jahren an Bedeutung gewonnen hat und mit großer Offenheit besprochen und dargestellt wird, fristet die Empfängnisverhütung ein Mauerblümchendasein.

Ein Schwangerschaftsabbruch ist keine Verhütungsmethode. Eine gewissenhafte Verhütung erspart Ihnen viele Sorgen, Ängste und Zweifel, die im Fall einer ungewollten Schwangerschaft auftreten können. Ein Abbruch ist nicht »eben mal ein kleiner Eingriff«, der die ungewollte Schwangerschaft wie einen unangenehmen »Fremdkörper« aus Ihrem Körper und Ihren Gedanken entfernt. Wer eine Schwangerschaft abbrechen möchte, sollte sich an das gesetzlich vorgegebene Verfahren halten. »Experimente« sollten Sie nicht versuchen.

Die Beratungsstelle

Besonders in Deutschland wird die Diskussion um den §218 und die Freigabe der Abtreibung bis zum dritten Monat begleitet von der Frage, ob eine »Pflichtberatung« sein müsse oder nicht. Dabei wird immer wieder auf die Zwänge hingewiesen, die eine gesetzlich vorgeschriebene Beratung beinhaltet.

Wenig bekannt sind die Situation in einer Beratungsstelle und die Chancen und Möglichkeiten, die sich einer Frau oder einem Paar durch ein individuell geführtes Gespräch mit einer ausgebildeten und erfahrenen Fachkraft bieten.

Schritt 1: Zunächst hat Ihnen Ihr Arzt Ihre Vermutung bestätigt. Sie sind schwanger. Wenn Sie daraufhin Zweifel, Sorgen und Ängste haben, ob Sie das Kind austragen können, so vereinbaren Sie einen Termin in einer Schwangerenberatungsstelle. Hier können Sie sich individuell in einem ausführlichen Gespräch mit einer geschulten und erfahrenen Fachkraft beraten lassen.

Schritt 2:

Wichtig: In der »anerkannten Beratungsstelle« erhalten Sie die Bestätigung, daß Sie beraten worden sind.

Die Beratungsstelle muß »...von einer Behörde oder Körperschaft, Anstalt oder Stiftung des öffentlichen Rechts...« (§ 218 b Abs. 2 Satz 1 StGB) anerkannt sein. Nur wenn diese Voraussetzung erfüllt ist, darf eine Bescheinigung, daß Sie in einem Schwangerschaftskonflikt beraten worden sind, ausgegeben werden.
Auch ein Arzt, der im obigen Sinn anerkannt ist, darf als Berater tätig sein, sofern er nicht selbst den Schwangerschaftsabbruch durchführt.

Die Träger der Beratungsstellen sind entweder öffentlich (Länder und Gemeinden), kirchlich oder privat (Vereine). Allgemein bekannt sind Träger wie die Arbeiterwohlfahrt, Caritas, Diakonie oder Pro Familia. Ihre persönliche Sympathie für die eine oder andere Einrichtung wird wahrscheinlich ausschlaggebend dafür sein, an welche Beratungsstelle Sie sich wenden werden. Sollten Sie kurzfristig keinen Gesprächstermin bei der von Ihnen gewünschten Stelle erhalten, so wird man Ihnen dort eine andere Beratungsstelle nennen, an die Sie sich vertrauensvoll wenden können.

Tip: Ist Ihnen keine Beratungsstelle bekannt oder scheuen Sie sich, eine Ihnen unbekannte Stelle aufzusuchen, so fragen Sie Ihren Arzt. In den meisten Fällen wird er Ihnen eine geeignete Stelle empfehlen können.

Die Beratung bei einer öffentlichen Stelle ist kostenlos. Sie kann allein oder mit dem Partner erfolgen. Termine können persönlich oder telefonisch kurzfristig vereinbart werden. Sollte dies einmal nicht möglich sein, wird Ihnen eine andere Beratungsstelle genannt werden. Sie können auch mehrere Gesprächstermine wahrnehmen. Sofern keine Bestätigung über die Beratung gewünscht wird, brauchen Sie auch Ihren Namen nicht anzugeben. Alle Berater stehen unter Schweigepflicht. Sie haben hier also die Chance, über Ihre Schwangerschaft und Ihre Probleme offen zu sprechen.

Wichtig: Besteht der Wunsch nach Abbruch der Schwangerschaft, so muß das Beratungsgespräch mindestens drei Tage vor dem Eingriff erfolgt sein (§ 218 b Abs. 1 Satz 1 StGB).

Wer arbeitet in einer Beratungsstelle?

In der Beratungsstelle werden Sie von geschulten Kräften beraten: Sozialarbeiter, Sozialpädagogen, Eheberater, Ärzte, Psychologen, Juristen. Neben ihrer eigentlichen Ausbildung nehmen die Berater noch an Zusatzausbildungen teil, die sie besonders für eine Beratung qualifizieren, wie z. B. Weiterbildung in Gesprächsführung oder Paarberatung. Meist werden Sozialarbeiter oder Sozialpädagogen das Gespräch mit Ihnen oder auch Ihrem Partner führen, wenn Sie sich in einem Schwangerschaftskonflikt befinden.

Die große Erfahrung mit Schwangerschaftskonflikten hilft den Beraterinnen – vereinzelt beraten auch Männer –, sich auf Ihre Probleme einzulassen. Die Beraterinnen können durch ihre Erfahrung, Ruhe und Stärke Ihre ganz persönliche Situation erfassen und Ihnen durch ihr Verständnis helfen. Eine gewisse Routine erleichtert den Beraterinnen die Gesprächsführung.

Wie sieht ein Beratungsgespräch aus?

»Seit wann wissen Sie, daß Sie schwanger sind und wie ging es Ihnen dabei?«, ist häufig die erste Frage der Beraterinnen.

Zunächst ist es Aufgabe der Beraterinnen, eine vertrauensvolle Atmosphäre zu schaffen, denn die meisten Frauen haben keine genauen Vorstellungen über den Ablauf eines Beratungsgespräches. Viele Frauen sind ängstlich und meinen, sie müßten sich rechtfertigen, weil die Empfängnisverhütung nicht geklappt hat oder sie den Wunsch haben, das Kind nicht auszutragen.

Sie müssen wissen, daß

- jede Frau den Bestätigungsschein bekommt, die an der gesetzlich vorgeschriebenen Beratung teilgenommen hat,
- die Beratung nicht zum Ziel hat, Sie zu manipulieren,
- Sie keinerlei Repressalien befürchten müssen und
- Sie sich öffnen können.

Begreifen Sie das Gespräch als Chance für sich selbst, einmal frei von Ihrem persönlichen Umfeld – von Ihrem Partner, Ihren Eltern, Ihren Freunden usw. mit jemand Drittem über Ihren Konflikt zu sprechen. Es hat jemand Zeit für Ihre Probleme. Das Gespräch wird an neutralem Ort, in neutraler Atmosphäre geführt. Sie können auch für weitere Gespräche wiederkommen oder Ihren Partner mitbringen.

Nach der anfänglichen Unsicherheit ist meist schnell eine vertrauensvolle Atmosphäre geschaffen, und oft genug sind die Beraterinnen von der Offenheit, Tiefe und Ehrlichkeit überrascht, mit denen ihnen die Frauen begegnen.

Für Sie bietet die Beratung die Möglichkeit, einmal mit Hilfe der Beraterin den »möglichen Konflikt hinter dem Konflikt« sehen zu können.

Häufig befindet sich ein ernstes Problem hinter dem Problem Schwangerschaft oder ist möglicherweise sogar der Auslöser für die ungewollte Schwangerschaft, die dann nur als Symptom und nicht als Ursache erscheint (ungelöste Probleme, z. B. Schwierigkeiten mit dem Partner, der Familie, in der Arbeit, mit der Wohnsituation usw.).

Es ist Ziel der Beraterinnen, daß Sie den Mut aufbringen, diese Probleme auszusprechen, anzugehen und zu bewältigen. Die Wiederholung einer ungewollten Schwangerschaft sollte vermieden werden. Deshalb wird auch das Thema Empfängnisverhütung angesprochen, denn viele Schwangerschaften entstehen durch ungenügendes oder falsches Wissen über die Verhütung.

Die Beraterinnen
- können mit Ihnen über Ihre bisherige Empfängnisverhütung sprechen,
- falsche oder ungenaue Informationen abbauen,
- Sie über die verschiedenen Alternativen beraten
- und versuchen, gemeinsam mit Ihnen die geeignete Methode der Empfängnisverhütung zu finden.

Ein Schwangerschaftsabbruch ist keine leichte Entscheidung, und so fragt sich wohl fast jede Frau in einem Schwangerschaftskonflikt einmal »was wäre, wenn ich das Kind doch bekommen würde?«
Diese Situation können Sie modellhaft mit Ihrer Beraterin durchspielen.
- Wo werden die Probleme liegen?
- Welche Hilfen stehen zur Verfügung?
- Wäre es unter den gegebenen Umständen nicht doch möglich, das Kind auszutragen?

Die Beraterinnen können keine fehlende Arbeitsstelle herbeischaffen oder eine Wohnung vermitteln. Sicher kann Ihnen die Beraterin aber die zuständige Stelle nennen, an die Sie sich wenden müssen. Vielleicht kann sie auch ein Telefongespräch führen oder einen Brief für Sie schreiben.

Die Beraterin wird Sie über die gesetzlichen Regelungen zum Schutz und zur Förderung von Familien und Kindern informieren, als da wären

- Mutterschutz und Mutterschaftsgeld,
- Kindergeld- und Kindergeldzuschlag,
- Erziehungsgeld und Erziehungsurlaub,
- Unterhalt und Unterhaltsvorschuß,
- Wohngeld,
- Sozialhilfe und anderes mehr.

Eine Übersicht dazu enthält die Broschüre: »**Politik für die Familie**«, die beim Presse- und Informationsamt der Bundesregierung, Welckerstraße 11, 53113 Bonn, erhältlich ist.

Österreich

In Österreich gibt es über 200 Beratungsstellen. Über ihre Anschriften, Öffnungszeiten und Telefonnummern können Sie sich zum Ortstarif unter der Nummer 06 60/2 01 informieren. Schriftliche Informationen erhalten Sie beim: **Bundesministerium für Umwelt, Jugend und Familie**, A-1010 Wien, Franz-Josefs-Kai 51.

Schweiz

In der Schweiz sind die familiären Hilfen weitgehend föderal geregelt und von Kanton zu Kanton unterschiedlich. Informationen sind bei den örtlichen Beratungsstellen, Versorgungsämtern oder den Kantonsregierungen erhältlich.

★

Neben diesen gesetzlichen Regelungen gibt es noch besondere Hilfen von Bund, Ländern und Gemeinden, von Kirchen oder freien Trägern, auf die Sie die Beraterin hinweisen wird, wie z. B. besondere finanzielle Unterstützung oder die Möglichkeit, in einem Mutter-und-Kind-Heim zu wohnen. Ihre Beraterin kann Ihnen diese Hilfen vermitteln.

Eine kinderfreundliche Gesellschaft kann aber auch die Beraterin nicht herbeizaubern. Solange Kinder in vielen Lebensbereichen als störend empfunden werden, Hausbesitzer kinderlose Ehepaare bevorzugen, zu wenig flexible Arbeitszeitformen und Kindergartenplätze angeboten werden, Mütter, die ihre Kinder zur Adoption freigeben, als Rabenmütter beschimpft werden, – solange hat die Situation einer Frau, die sich für ihr Kind entscheidet, Ähnlichkeit mit einem Spießrutenlauf.

Die Beraterin kann Ihnen auch zusätzliche Gesprächstermine anbieten.

Bei Partnerschaftsproblemen können Sie eine Paarberatung in Anspruch nehmen.

Möchten Sie das Kind austragen, meinen aber, daß Sie es gar nicht oder nur unter Schwierigkeiten aufziehen können, so wird die Beraterin gemeinsam mit Ihnen nach einer Lösungsmöglichkeit suchen. Vielleicht fehlt eine geeignete Unterbringungsmöglichkeit während der Arbeitszeit: Bis zum Alter von drei Jahren können Kinder tagsüber in Kinderkrippen betreut werden. Ab frühestens drei Jahren können sie in den Kindergarten gehen.

Vielleicht ist die Unterbringung des Kindes in einer Pflegschaft eine Alternative: Tages-, Wochen- und Dauerpflegestellen werden von den örtlichen Jugendämtern sorgfältig ausgewählt und vermittelt. Hier erhalten Sie auch weitergehende Informationen.

Möchten Sie Ihr Kind zur Adoption freigeben, so wird Sie das Jugendamt ebenfalls betreuen und geeignete Eltern für das Kind suchen.

Sehen Sie sich nicht in der Lage, das Kind auszutragen, und suchen einen verständnisvollen Arzt, der ein offenes Ohr für Ihre Probleme hat, so wird Ihnen die Beraterin sicher auch hier helfen können.

Wichtig: In jedem Fall bekommen Sie in einem Beratungsgespräch nicht die Entscheidung abgenommen, ob Sie das Kind bekommen sollen oder nicht. Das Gespräch bietet Ihnen aber die Möglichkeit, sich auszusprechen und viele Informationen zu erhalten.

Die Beraterinnen können Sie fragen, wie Sie die Schwangerschaft erleben, Sie darüber informieren, wie ein Schwangerschaftsabbruch abläuft und was er bedeuten kann.

Frauen werden in Schwangerschaftskonflikten oft genug alleine gelassen. Sie brauchen eine Anlaufstelle, wo sie sich Rat und Hilfe holen können, damit ihre Probleme nach dem Abbruch nicht noch größer werden. Wenn Sie nach dem Abbruch Hilfe brauchen, weil Sie möglicherweise unter den psychischen Folgen des Abbruchs leiden, scheuen Sie sich nicht, Ihre Beraterin um einen Gesprächstermin zu bitten.

Schritt 3: Wenn Sie nach dem Beratungsgespräch sicher sind, daß Sie das Kind nicht austragen, so dürfen Sie frühestens drei Tage nach dem Beratungsgespräch einen Abbruch vornehmen lassen. Diese Frist ist absichtlich gewählt. Frauen, die eine ungewollte Schwangerschaft erleben, befinden sich in einer extremen psychischen Anspannung. Durch die Frist soll ein abermaliges Überdenken des Abtreibungswunsches wie auch anderenfalls eine ruhige Vorbereitung auf den Abbruch möglich sein.

Nachdem der Arzt Sie über den medizinischen Ablauf informiert hat und Sie schriftlich Ihr Einverständnis erklärt haben, kann der Eingriff durchgeführt werden.

Methoden des Schwangerschaftsabbruchs

Ein Schwangerschaftsabbruch muß immer in einer Klinik oder in einem dafür spezialisierten Zentrum durchgeführt werden. Er muß sorgfältig und unter sicheren und optimalen medizinischen Bedingungen vorgenommen werden. »Pfuscherei« kann bei diesem Eingriff zu gefährlichen Komplikationen führen.

Nach dem Eingriff sollten Sie sich unbedingt einige Zeit schonen.

★

Die verschiedenen Möglichkeiten, einen Abbruch durchzuführen, hängen im wesentlichen vom Schwangerschaftsstadium ab:

In der **ersten bis zwölften Schwangerschaftswoche** wird der Embryo entweder mit einer Kürette, einem löffelähnlichen Instrument, aus der Gebärmutterhöhle entfernt (*Ausschabung*) oder mit einer sogenannten Vakuum-Kürette dort abgesaugt (*Absaugmethode*). Damit die Frau keine Schmerzen hat und der Arzt in Ruhe operieren kann, werden beide Methoden nur mit einer Betäubung durchgeführt.

In der Regel wird die Vollnarkose angewandt, während beispielsweise in Holland oder in den Vereinigten Staaten die meisten Abbrüche in örtlicher Betäubung vorgenommen werden. (Die Kurznarkose dauert in der Regel 10 bis 30 Minuten.)

Zu Beginn des Eingriffs wird der unterste Teil des Gebärmutterhalses, der Muttermund, mit einer Klemme angehakt, um ihn mit kleinen, zunehmend dicker werdenden Metallstiftchen aufzudehnen. In einigen Fällen wird der Gebärmutterhals zuvor auch mit sogenannten Prostaglandinen erweicht, so daß der Muttermund noch leichter aufgedehnt werden kann.

Bei der *Absaugmethode* führt der Arzt nun ein kleines Plastikröhrchen durch den Muttermund in die Gebärmutter ein. Das Röhrchen ist mit einer Vakuumpumpe verbunden, die nach dem Einführen eingeschaltet wird. Das Fruchtbläschen mit dem Embryo und die oberste Schleimhautschicht werden abgesaugt. Das dauert ungefähr zwei Minuten. Sobald die Gebärmutter leer ist, beginnt sie sich zusammenzuziehen, was nach Ende der Narkose leicht ziehende Schmerzen verursachen kann. Anschließend wird eine Ultraschalluntersuchung durchgeführt, damit ausgeschlossen werden kann, daß noch Restgewebe in der Gebärmutter zurückgeblieben ist, was zu schwerwiegenden Komplikationen führen kann. Ist dies jedoch der Fall, muß eine schonende Ausschabung (Nachkürettage) angeschlossen werden.

Bei der *Ausschabung* wird, nachdem der Gebärmutterhals gedehnt worden ist, ein löffelartiges Instrument, eine Kürette, durch den Muttermund in die Gebärmutterhöhle geschoben. Damit werden nach und nach der Embryo, die Plazenta und die Schleimhaut ausgeschabt (kürettiert), bis die Gebärmutter leer ist.

Nach diesem Eingriff haben die meisten Frauen in den ersten Tagen Blutungen, die etwas schwächer sind als die normale Regelblutung. Diese Blutungen können bis zu zehn Tage nach dem Eingriff anhalten. Auch ziehende Schmerzen sind in den ersten Tagen normal, wenn sich die Gebärmutter zusammenzieht und kleiner wird. Dabei können kleine feste Klümpchen abgehen, die aus geronnenem Blut und Geweberesten bestehen. Die erste normale Menstruationsblutung wird wieder nach vier bis sechs Wochen eintreten.

Verglichen mit der Absaugmethode hat die Ausschabung jedoch einige Nachteile:

- Sie dauert länger.
- Der Gebärmutterhals muß weiter geöffnet werden.
- Sie hat eine höhere Komplikationsrate (Blutverlust sowie Verletzungs- und Infektionsgefahr sind höher).

Nach der zwölften Schwangerschaftswoche wird die operative Ausräumung der Gebärmutter mit Instrumenten problematischer. Der Embryo und die Plazenta sind sowohl für die Saugkürettage als auch für die Ausschabung zu groß. In diesen Fällen wird *medikamentös* vorgegangen: zur Entleerung der Gebärmutter werden Prostaglandine eingesetzt, die eine Fehlgeburt bewirken. Prostaglandine sind Stoffe, die zum einen den Gebärmutterhals auflockern und erweitern, zum anderen eine wehenauslösende Wirkung haben.

Mehrere Stunden nachdem der Arzt die Prostaglandine entweder direkt in den Gebärmutterhals oder als Scheidenzäpfchen in die Scheide oder in Form einer Spritze verabreicht hat, öffnet sich zunächst der Gebärmuttermund, und es beginnt eine etwa regelstarke Blutung. Nach einigen weiteren Stunden wird die Fruchtblase mit dem Embryo ausgestoßen. Das ist wie bei einer Fehlgeburt mit Schmerzen verbunden, gegen die meist ein Schmerzmittel verabreicht wird. In den meisten Fällen ist danach eine vorsichtige Absaugung oder Nachkürettage erforderlich, weil das Gewebe fast nie vollständig ausgestoßen wird. Der gesamte Vorgang dauert zwischen 10 und 24 Stunden, selten länger.

Komplikationen:
In 0,2 bis 3 Prozent der Abtreibungen muß mit ernsten Komplikationen gerechnet werden. Dabei sind die Dauer der Schwangerschaft und die Methode des Abbruchs von Bedeutung:

Bei Abbrüchen bis zur siebten oder achten Woche ist die Komplikationsrate relativ gering, im Vergleich zur neunten bis zehnten Woche, wenn diese auf fünf bis zehn Prozent deutlich ansteigt, weil bei fortgeschrittener Schwangerschaft Methoden angewendet werden müssen, die mit einem höheren Risiko behaftet sind.

Als *Sofort-Komplikation* kann bei der Absaugmethode bzw. der Ausschabung durch die Dehnung des Gebärmutterhalses die Gefahr eines Risses bestehen.

Sowohl bei der instrumentellen als auch bei der Vakuum-Entleerung kann die Gebärmutterwand beschädigt oder sogar durchstoßen werden (*Perforation*).

In seltenen Fällen kann dabei auch der Darm als Nachbarorgan mitverletzt werden. Blutungen und Infektionen im Bauch können die Folge sein.

Als Frühkomplikationen können in den ersten Tagen nach dem Eingriff verstärkte Nachblutungen auftreten, weil sich die Gebärmutter nicht ausreichend zusammenzieht.

In seltenen Fällen können sich fieberhafte Infektionen aufgrund von verbliebenen Geweberesten in der Gebärmutter entwickeln, die mit Antibiotika behandelt werden müssen. Entzündungen von Gebärmutter und Eileitern bergen das Risiko für eine spätere Unfruchtbarkeit.

Spätfolgen können ein erhöhtes Risiko für Fehlgeburten, Eileiterschwangerschaften und Frühgeburten aufgrund einer vorzeitigen Muttermundsöffnung sein sowie Plazentastörungen und Nachgeburtskomplikationen.

Im Fall eines medikamentösen Abbruchs liegen die Gefahren zum einen bei den Prostaglandinen selbst, die heftige Nebenwirkungen, wie Übelkeit, Schmerzen und Kreislaufprobleme, hervorrufen können. Zum anderen kann es durch die Fehlgeburt nach der 12. bis 14. Schwangerschaftswoche zu Komplikationen wie Gebärmutterhalsrissen, verstärkten Blutungen und Verletzungen bei der Nachkürettage kommen.

Zu den nicht eindeutig meßbaren Folgeschäden einer Abtreibung können seelische Störungen gehören. Manche Frauen leiden unter Verlust- und Schuldgefühlen, mangelndem Selbstwertgefühl oder auch unter Depressionen und Ängsten. Auch die plötzliche Hormonumstellung nach dem Abbruch kann starke Stimmungsschwankungen verursachen.

Bei vielen betroffenen Frauen überwiegt oft auch ein Gefühl der Erleichterung diese negativen Gefühle.

Wichtig nach einem erfolgten Schwangerschaftsabbruch ist es, eventuell entstandene seelische Verletzungen nicht zu verdrängen, sondern sich dem seelischen Schmerz bewußt zu stellen und zu versuchen, ihn aufzuarbeiten. Verdrängte seelische Schmerzen verursachen Schuldgefühle und Depressionen.

Was ist RU-486?

RU-486 ist ein Medikament, mit dem ein Schwangerschaftsabbruch in den ersten fünf bis sechs Wochen durchgeführt werden kann (bei späterer Einnahme ist die Wirkung unsicher).

Diese Substanz ist in den achtziger Jahren von einem französischen Wissenschaftler als Alternative zum operativen Schwangerschaftsabbruch entwickelt worden: Der Abbruch macht eine Narkose überflüssig und erfolgt – in den meisten Fällen – ohne Krankenhausaufenthalt. Während in Frankreich die Frauen seit 1988 und in Großbritannien seit 1991 zwischen einem chirurgischen und einem medikamentösen (RU-486) Schwangerschaftsabbruch wählen können, wurde die Zulassung von RU-486 in Deutschland bisher noch nicht beantragt, da die herstellende Firma eine breite gesellschaftliche Akzeptanz bisher in Deutschland noch nicht als gegeben ansieht.

RU-486 hemmt die Wirkungsweise des natürlichen weiblichen Hormons Progesteron, welches für die Entstehung und Erhaltung einer Schwangerschaft unbedingt notwendig ist. Wird RU-486 in der Frühschwangerschaft eingenommen, führt es zu einem Progesteronmangel, der eine weitere Entwicklung der Schwangerschaft unmöglich macht:

Der Muttermund dehnt und öffnet sich, das Fruchtbläschen löst sich von der Gebärmutterwand und wird einige Tage später mit dem Embryo ausgestoßen. Dabei kommt es zu einer Blutung, die etwa doppelt so stark ist wie eine Regelblutung. Mit RU-486 wird eine medikamentöse Fehlgeburt ausgelöst.

Anwendung: RU-486 wird spätestens am 49. Tag nach Beginn der letzten Regel unter Kontrolle eines Arztes eingenommen. Vor der Einnahme wurde die Frau über den Ablauf des Abbruchs und die Wirkungsweise des Medikamentes informiert. Dies und ihr Einverständnis mit dem medizinischen Abbruch muß sie schriftlich bestätigen. 36 bis 48 Stunden nach der Einnahme von RU-486 nimmt die Frau vaginal, also durch die Scheide, oder intramuskulär über eine Spritze in den Muskel oder auch in Pillenform Prostaglandin auf. Der Ausstoß des Embryos erfolgt nach einigen Stunden und wird sofort auf seine Vollständigkeit hin untersucht. Eine abschließende Untersuchung erfolgt in jedem Fall acht bis zwölf Tage später.

Nebenwirkungen: Folgende Nebenwirkungen sind möglich:

- Die Schwangerschaft kann trotz Einnahme von RU-486 fortbestehen.
- Oder das Fruchtbläschen wird mit dem Embryo nicht vollständig ausgestoßen, so daß eine Ausschabung erforderlich wird.
- In sehr seltenen Fällen kommt es zu einer so starken Blutung, daß eine Bluttransfusion notwendig wird.
- Bei wenigen Patientinnen traten Uteruskrämpfe, Müdigkeit, Kopfschmerzen oder Übelkeit auf.

RU-486 darf nicht genommen werden,

- sofern die Schwangerschaft länger als 49 Tage, in Großbritannien länger als 64 Tage besteht,
- Unverträglichkeiten zu RU-486 oder Prostaglandinen bestehen,

- bei Bestehen einer Eileiterschwangerschaft,
- bei Neigungen zu Blutungen,
- von Raucherinnen,
- sofern Frauen das 35.Lebensjahr überschritten haben,
- wenn über lange Zeit Kortikosteroide (= Kortisonpräparate) angewendet wurden.

Trotz einer sorgfältigen klinischen Überwachung bei der Einnahme von RU-486 entschied sich in Frankreich bisher nur ein Viertel der betroffenen Frauen für eine medikamentöse Abtreibung. Ein Grund dafür mag sein, daß, im Gegensatz zur operativen Abtreibung, die Frauen bei RU-486 aktiver in den Prozeß der Abtreibung miteingebunden werden.

Rechtslage

Deutschland

Im Einigungsvertrag zwischen West- und Ostdeutschland wurde vereinbart, ein gemeinsames Recht zum Schwangerschaftsabbruch zu schaffen. Gegen den erarbeiteten Gesetzentwurf wurde beim Bundesverfassungsgericht Klage eingereicht.

Es wurde entschieden, daß ein Schwangerschaftsabbruch in den ersten zwölf Wochen zwar rechtswidrig ist, aber grundsätzlich nicht mit Strafe bedroht wird.

Bis der Gesetzgeber den Anforderungen des Bundesverfassungsgerichts mit einem neuen Abtreibungsrecht genügt, gilt ab 16. Juni 1993 für Gesamtdeutschland eine Übergangsregelung, die im einzelnen so aussieht:

Es besteht zwar grundsätzlich eine Rechtspflicht, das Kind auszutragen, es gibt aber begründete Ausnahmefälle, in denen abgetrieben werden darf:

- wenn Gefahr für das Leben und die Gesundheit der Mutter besteht,
- die Gefahr einer nicht behebbaren Schädigung des Kindes vorliegt,
- oder die Schwangerschaft infolge einer Vergewaltigung entstanden ist.

In diesen Fällen tragen die Krankenkassen die Kosten.

Alle anderen Abtreibungen in den ersten zwölf Wochen der Schwangerschaft bleiben straffrei, sofern sie von einem Arzt und auf Verlangen der Frau vorgenommen werden.

Wichtig: Sie sollten wissen, daß kein Arzt verpflichtet ist, einen Schwangerschaftsabbruch durchzuführen.

Beratungspflicht: Die Schwangere muß sich mindestens drei Tage vor dem Eingriff

- von einem anerkannten Berater
- oder einer Beratungsstelle über den Eingriff und die existierenden staatlichen und öffentlichen Hilfen für Schwangere und Hilfen für Mütter mit Kindern aufklären lassen;
- von einem Arzt über die medizinischen Aspekte des Abbruchs informieren lassen.

Die bisherigen Beratungsstellen dürfen bis zum 31. Dezember 1994 die Beratungen fortsetzen.

Der Beratung kommt eine zentrale Bedeutung zu. Sie soll der Frau einerseits die rechtliche und ethische Situation aufzeigen, den medizinischen Ablauf eines Abbruchs erklären und über die familienpolitischen Hilfen informieren sowie andererseits Hilfestellung geben, damit die betroffene Frau zu einer verantwortungsvollen Entscheidung gelangen kann. Die Beratung wird dokumentiert. Das Gespräch kann anonym geführt werden.

Der Arzt, der die Schwangerschaft festgestellt hat, kann auch den Abbruch vornehmen. Die Kosten für den Abbruch (ambulant ca. DM 400–500) müssen die Frauen selbst tragen. Wer das nicht kann, hat Anspruch auf Sozialhilfe.

Österreich

Rechtsgrundlage: §§ 96–98 StGB

In Österreich gilt die sogenannte Fristenlösung. Ein Schwangerschaftsabbruch ist unter folgenden Voraussetzungen nicht strafbar:

- Er wird innerhalb der ersten drei Monate nach Beginn der Schwangerschaft durchgeführt.
- Er wird von einem Arzt durchgeführt.
- Die Schwangere wurde vorher von einem Arzt über den Eingriff und seine möglichen Folgen unterrichtet.

Entscheidend ist der Wille der Frau. Eine zusätzliche Beratung in einer Familienberatungsstelle ist nicht erforderlich.

Schweiz

Rechtsgrundlage: Art. 118–121 StGB

In der Schweiz gilt die Indikationsregelung: Ein Schwangerschaftsabbruch ist nur erlaubt, wenn der Schwangeren gesundheitliche Gefahren oder gar Lebensgefahr droht und sie dem Abbruch zugestimmt hat (medizinische Indikation).

Die Abtreibung darf nur ein Arzt vornehmen. Ihm muß ein schriftliches Gutachten eines anderen Arztes über den Gesundheitszustand der Frau vorliegen.

Kurvenblatt zum erstmaligen Eintragen

PRO FAMILIA-Kurvenblatt

Monat ☐ Kürzester bekannter Zyklus ☐ Tage ☐ Tag der ersten erhöhten Messung in 12 Zyklen

Aktueller Zyklus (Länge) ☐ Tage ☐ Tag der ersten erhöhten Messung in 12 Zyklen minus 8

Zyklustage		1	2	3	4	5	6	7	8	9	10	11	12	13	14	15	16	17	18	19	20	21	22	23	24	25	26	27	28	29	30	31	32	33	34	35	36	37	38	39	40	
Datum																																										
Uhrzeit der Messung																																										
Temperatur nach mindestens sechs Stunden Schlaf vor dem Aufstehen gemessen ○ im Mund ○ in der Scheide ○ im Darm	37.5																																									37.5
	37.4																																									37.4
	37.3																																									37.3
	37.2																																									37.2
	37.1																																									37.1
	37.0																																									37.0
Eintragungsmöglichkeit für **Mittelschmerz (M), Brustsymptom (B), Zwischenblutung (Z).**	36.9																																									36.9
	36.8																																									36.8
	36.7																																									36.7
	36.6																																									36.6
	36.5																																									36.5
	36.4																																									36.4
	36.3																																									36.3
	36.2																																									36.2
	36.1																																									36.1

des monatlichen Zyklus

35.9																																									35.9
35.8																																									35.8
35.7																																									35.7
35.6																																									35.6
35.5																																									35.5
35.4																																									35.4

Zyklustage		1	2	3	4	5	6	7	8	9	10	11	12	13	14	15	16	17	18	19	20	21	22	23	24	25	26	27	28	29	30	31	32	33	34	35	36	37	38	39	40
Datum																																									
Geschlechtsverkehr																																									
Monatsblutung																																									
Schleimhöhepunkt																																									
Schleim-veränderungen S = Schleim spinnbar, s = feucht, wenig Schleim, F = feucht, O = kein Schleim	S																																								
	s																																								
	F																																								
	O																																								
Mutter-mund	Lage u. Öffnung																																								
	Festigkeit																																								
Besonderheiten, die den Zyklus beeinflussen können: z.B. weniger als sechs Stunden geschlafen, erkältet, bis in die Nacht getanzt, sexuelles Erleben, viel Streß, viel geraucht.																																									

Lexikon der Fachbegriffe

Abort, Fehlgeburt. Vorzeitige Beendigung einer Schwangerschaft durch Ausstoßen des Fetus unter 35 cm, bei Fehlen aller für eine Lebendgeburt maßgeblichen Lebenszeichen

Abruptio, Schwangerschaftsabbruch

AIDS, Acquired Immune Deficiency Syndrome. Immunschwäche, die langfristig zum Tod führt. Sie ist übertragbar durch Körperflüssigkeiten, vor allem bei direktem Blutkontakt und Geschlechtsverkehr

Anamnese, Krankheitsgeschichte

Androgene, männliches Sexualhormon

Anorgasmie, Unfähigkeit der Frau, einen Orgasmus zu erleben

Bartholinidrüsen, zwei kleine Drüsen im unteren Drittel der großen Schamlippen, die bei sexueller Erregung flüssiges Sekret abgeben

Basaltemperatur, morgendliche Aufwachtemperatur

Bisexualität, sexuelle Erregbarkeit und Aktivität gegenüber Frau und Mann ohne deutliche Bevorzugung eines Geschlechts

Cunnilingus, oraler Geschlechtsverkehr bei der Frau

Curettage, Entfernung von Gewebe aus der Uterushöhle mit einer Kurette in Form eines scharfen Löffels

Defloration, Durchstoßen des Jungfernhäutchens, meist beim ersten Geschlechtsverkehr

Diaphragma, Ring oder Schale aus Hartgummi/Kunststoff. Bestrichen mit einem Spermien abtötenden Mittel, wird es vor dem Geschlechtsverkehr vor den Muttermund gelegt, um das Eindringen der Spermien in den Gebärmutterhals zu verhindern

Ejakulat, Samenflüssigkeit

Ejakulation, Samenerguß

Epididymis, Nebenhoden. Sie nehmen die Samenzellen auf, die in den Hodenkanälen gebildet werden

Erektion, Versteifen und Anschwellen des Penis durch den Eintritt von Blut in die Schwellkörper des Gliedes. Bei der Frau verändert sich gleichermaßen die Klitoris

Fellatio, oraler Geschlechtsverkehr beim Mann
Fertilität, Fruchtbarkeit
Follikel, Zellhülle der weiblichen Eier
Frigidität, weibliches Desinteresse an Sexualität

Genitalien, die dem Geschlechtsverkehr und der Fortpflanzung dienenden Organe
Gestagen, Gestagene sind eine Gruppe von weiblichen Geschlechtshormonen, die der Vorbereitung und Erhaltung der Schwangerschaft dienen. Unter ihnen ist → Progesteron das wichtigste natürliche Gestagen
Gravidität, Schwangerschaft
Gynäkologe, Frauenarzt
Gynäkologie, Frauenheilkunde

Heterosexualität, gegengeschlechtliche Sexualität
Homosexualität, gleichgeschlechtliche Sexualität
Hymen, Jungfernhäutchen
Hypophyse, Hirnanhangsdrüse. Sie steuert die Hormonproduktion

Impotenz, Erektionsunfähigkeit
Indikation, Umstände oder Anzeichen, aufgrund derer die Anwendung bestimmter Heilmittel oder Behandlungsmethoden angezeigt erscheint. Gebräuchlich auch im Zusammenhang mit der Begründung für einen erlaubten Schwangerschaftsabbruch
Intrauterinpessar, Spirale. Sie verhindert die Einnistung des befruchteten Eies in die Gebärmutter
Introitus, Scheideneingang

Klitoris, auch Kitzler. Entspricht dem Penis des Mannes. Empfindlichstes äußeres weibliches Geschlechtsorgan, das am vorderen Ende der kleinen Schamlippen liegt
Kohabitation, Geschlechtsverkehr
Kondom, Gummihaut, die über den Penis gezogen wird, um das Ejakulat aufzufangen
Kontrazeption, Empfängnisverhütung

Libido, Geschlechtstrieb

Menarche, erste Regelblutung
Menopause, letzte Regelblutung
Menstruation, Monatsregelblutung. Sie tritt ein, wenn sich kein Ei in der Gebärmutterhöhle eingenistet hat. Sie dauert zwischen drei und sieben Tagen

Nidation, Einnistung des befruchteten Eies in die Schleimhaut der Gebärmutterhöhle
Nidationshemmer, Methoden, die das Einnisten eines befruchteten Eies in den Uterus verhindern

Östrogen, weibliches Sexualhormon, das hauptsächlich in den Eierstöcken produziert wird und für die Ausbildung und Steuerung der weiblichen Geschlechtsmerkmale zuständig ist. Es bewirkt den Aufbau der Schleimhaut im Uterus

Onanieren, Masturbieren, sich durch sexuelle Stimulation der äußeren Geschlechtsorgane selbst befriedigen

Orgasmus, Höhepunkt der sexuellen Erregung bei Mann und Frau, vor allem hervorgerufen durch Kontraktionen der Muskeln von Penis und Vagina

Ovarien, Eierstöcke, in denen während der weiblichen Geschlechtsreife insgesamt ca. 400 Eier reifen

Ovulation, Eisprung. Das um den fünfzehnten Tag des Zyklus aus der Follikelhülle gesprungene reife Ei wird vom Eileiter aufgenommen und in die Gebärmutterhöhle transportiert

Ovulationshemmer, hormonelle Mittel, die den monatlich stattfindenden Eisprung verhindern

Pearl-Index, allgemein gebräuchlicher Maßstab, um die Zuverlässigkeit einer empfängnisverhütenden Methode zu bestimmen. Berechnung: die Zahl der ungewünschten Schwangerschaften auf 100 Frauen pro Jahr bei fehlerfreier Anwendung der Methode

Penetration, Eindringen des Penis in die Scheide

Pessar, Diaphragma

Petting, Reizung des Körpers des Partners bis zum Orgasmus ohne Geschlechtsakt

Pille, ovulationshemmende hormonale Methode der Empfängnisverhütung

Plazenta, der Mutterkuchen, der während der Schwangerschaft die Funktion hat, die Frucht zu ernähren, wird nach der Geburt des Kindes ausgestoßen

Pollution, Beginn der Samenproduktion in der Pubertät, oft als nächtlicher Samenerguß

Portiokappe, mechanische Methode der Empfängnisregelung. Die feste Kunststoffkappe saugt sich am Muttermund fest und verhindert somit das Eindringen der Spermien

Präservativ, Kondom

Progesteron, weibliches Sexualhormon, auch Gelbkörperhormon genannt, das in den Eierstöcken, aber auch in der Plazenta produziert wird. Es wirkt in Zusammenhang mit den Östrogenen auf die Fortpflanzungsorgane und deren Funktion. Es wird in besonders hohen Mengen in der zweiten Hälfte des Menstruationszyklus produziert, in dem es seine schwangerschaftsvorbereitende und -erhaltende Wirkung entfaltet. Hat jedoch keine Befruchtung stattgefunden, so wird die weitere Produktion für diesen Zyklus eingestellt

Prostaglandine, hormonähnliche Stoffe, die in verschiedenen Geweben des Körpers vorkommen. Sie wirken vielfältig, u. a. wehenanregend

Prostata, Vorsteherdrüse, die den größten Teil der Samenflüssigkeit produziert. Durch sie führen Samenleiter und Harnröhre

Pubertät, Zeit der Ausbildung der Geschlechtsreife, in der Regel zwischen dem 11. und 15. Lebensjahr

Refertilisierung, ein operatives Verfahren, um nach einer Sterilisierung die Fruchtbarkeit wieder herzustellen

RU-486, medikamentöse Abtreibungsmethode

Skrotum, Hodensack

Sodomie, analer Geschlechtsverkehr und Geschlechtsverkehr mit Tieren

Sperma, Samenflüssigkeit und Samen

Spermien, Samenzellen

Spermiogenese, Entstehung der Samenzellen bis zu ihrer Reifung, Dauer ca. 70 Tage

Spermizid, Stoffe, die die Samenzellen bewegungs- und befruchtungsunfähig machen

Sterilisation, Herbeiführen der Unfruchtbarkeit bei Männern und Frauen durch operatives Durchtrennen der Samen- bzw. Eileiter, ohne daß der Geschlechtstrieb und die Fähigkeit, einen Orgasmus zu erleben, beeinträchtigt werden

Sterilität, Unfruchtbarkeit

Testosteron, männliches Sexualhormon, das in den Hoden produziert wird und für die Ausbildung und die Steuerung der männlichen Geschlechtsmerkmale zuständig ist

Tuben, Eileiter

Tubenligatur, Unterbrechung der Eileiter (Sterilisation der Frau)

Uterus, Gebärmutter, bestehend aus dem Gebärmutterkörper und dem Gebärmutterhals

Vagina, Scheide. Sie ist die Verbindung der äußeren mit den inneren Geschlechtsorganen und ca. 8–10 Zentimeter lang

Vasektomie, Sterilisation des Mannes

Vulva, äußere weibliche Geschlechtsorgane im Intimbereich. Venushügel, große und kleine Schamlippen, Klitoris, Bartholinidrüsen, Introitus

Zervix, Gebärmutterhals. Er beinhaltet Drüsen, die Schleim produzieren, um den Muttermund zu verschließen

Zyklus, Zeit vom ersten Tag der Regelblutung bis zum letzten Tag vor der nächsten Regelblutung. Die individuell unterschiedliche Dauer beträgt 25–35 Tage.

Im Handel erhältliche hormonelle Kontrazeptiva

(Stand 16. 2. 1993)

Medikament	Hersteller	Inhalt
Hormonelle Depot-Kontrazeption		
– Depo-Clinovir	Upjohn	3-Monatsspritze, 150 mg Medroxyprogesteronacetat
Hormonelle Kontrazeption ohne Ovulationshemmung – Minipille		
– Exlutona	Organon	0,5 mg Lynestrenol/Tbl.
– Microlut	Schering	0,03 mg Levonorgestrel/Drg.
– Micronovum	Cilag	0,35 mg Norethisteron/Tbl.
– Micro-30 Wyeth	Wyeth	0,03 mg Levonorgestrel/Drg.
– Noristerat	Schering	200 mg Norethisteronenantat/Spritze
Einphasenpräparate		
– Anacyclin	Ciba	1 mg Lynestrenol, 0,05 mg Ethinylestradiol/Tbl.
– Certostat	Jenapharm	0,05 mg Ethinylestradiol, 2 mg Dienogest/Drg.
– Cilest	Cilag	0,035 mg Ethinylestradiol, 0,25 mg Norgestimat/Tbl.
– Conceplan M	Grünenthal	0,03 mg Ethinylestradiol, 0,5 mg Norethisteron/Tbl.
– Ediwal 21	Schering	0,125 mg Levonorgestrel, 0,05 mg Ethinylestradiol/Drg.
– Etalontin 21	Parke-Davis	2,5 mg Norethisteronacetat, 0,05 mg Ethinylestradiol/Drg.
– Eugynon 21	Schering	0,5 mg Norgestrel, 0,05 mg Ethinylestradiol/Drg.
– Eugynon 28	Schering	0,5 mg Norgestrel, 0,05 mg Ethinylestradiol/Drg., 7 wirkstofffreie Dragees

Medikament	Hersteller	Inhalt
– Femovan	Schering	0,075 mg Gestoden, 0,03 mg Ethinylestradiol/Drg.
– Femranette	Brenner-Efeka	0,15 mg Levonorgestrel, 0,03 mg Ethinylestradiol/Drg.
– Gravistat	Jenapharm	0,05 mg Ethinylestradiol, 0,125 mg Levonorgestrel/Drg.
– Lyndiol	Organon	2,5 mg Lynestrenol, 0,05 mg Ethinylestradiol/Tbl.
– Lyn-ratiopharm	ratiopharm	2,5 mg Lynestrenol, 0,05 mg Ethinylestradiol/Kps.
– Marvelon	Organon	0,15 mg Desogestrel, 0,03 mg Ethinylestradiol/Tbl.
– Microgynon 21	Schering	0,15 mg Levonorgestrel, 0,03 mg Ethinylestradiol/Drg.
– Microgynon 28	Schering	0,15 mg Levonorgestrel, 0,03 mg Ethinylestradiol/Drg., 7 wirkstofffreie Dragees
– Minisiston	Jenapharm	0,03 mg Ethinylestradiol, 0,125 mg Levonorgestrel/Tbl.
– Minulet	Wyeth	0,075 mg Gestoden, 0,03 mg Ethinylestradiol/Drg.
– Neogynon 21	Schering	0,25 mg Levonorgestrel, 0,05 mg Ethinylestradiol/Drg.
– Neogynon 28	Schering	0,25 mg Levonorgestrel, 0,05 mg Ethinylestradiol/Drg., 7 wirkstofffreie Dragees
– Neorlest 21	Parke-Davis	0,6 mg Norethisteronacetat, 0,03 mg Ethinylestradiol/Drg.
– Neo-Steiril	Wyeth	0,125 mg Levonorgestrel, 0,05 mg Ethinylestradiol/Drg.
– Non-Ovlon	Jenapharm	0,05 mg Ethinylestradiol, 1 mg Norethisteronacetat/Drg.
– Orlest 21	Parke-Davis	1 mg Norethisteronacetat, 0,05 mg Ethinylestradiol/Drg.
– Ortho-Novum 1/50	Cilag	1 mg Norethisteron, 0,05 mg Mestranol/Tbl.

Medikament	Hersteller	Inhalt
– Ovoresta	Organon	1 mg Lynestrenol, 0,05 mg Ethinylestradiol/Tbl.
– Ovoresta M	Organon	0,75 mg Lynestrenol, 0,0375 mg Ethinylestradiol/Tbl.
– Ovosiston	Jenapharm	0,08 mg Mestranol, 2 mg Chlormadinoacetat/Drg.
– Ovysmen 0,5/35	Cilag	0,5 mg Norethisteron, 0,035 mg Ethinylestradiol/Tbl.
– Ovysmen 1/35	Cilag	1 mg Norethisteron, 0,035 mg Ethinylestradiol/Tbl.
– Pregnon 28 Nourypharma	Noury-pharma	0,05 mg Ethinylestradiol, 1 mg Lynestrenol/Tbl.
– Stediril	Wyeth	0,5 mg Norgestrel, 0,05 mg Ethinylestradiol/Drg.
– Stediril -30/-30/28	Wyeth	0,15 mg Levonorgestrel, 0,03 mg Ethinylestradiol/Drg.
– Stediril -d	Wyeth	0,25 mg Levonorgestrel, 0,05 mg Ethinylestradiol/Drg.
– Yermonil	Geigy	2 mg Lynestrenol, 0,04 mg Ethinylestradiol/Tbl.
Zweiphasenpräparate		
– Deposiston	Jenapharm	– 1 mg Ethionylestradiolsulfonat/Drg. weiß – 5 mg Norethisteronacetat/Drg. rot
– Eunomin 21	Grünenthal	– 0,1 mg Mestranol/Drg. weiß – 0,1 mg Mestranol, 2 mg Chlormadinonacetat/Drg. grün
– Lyn-ratio-pharm Sequenz	ratiopharm	– 0,05 mg Ethinylestradiol/Kps. Sequenz – 0,05 mg Ethinylestradiol, 2,5 mg Lynestrenol/Lyn-ratiopharm

Medikament	Hersteller	Inhalt
– Neo-Eunomin	Grünenthal	– 0,05 mg Ethinylestradiol, 1 mg Chlormadinonacetat/ Tbl. beige – 0,05 mg Ethinylestradiol, 2 mg Chlormadinonacetat/ Tbl. ocker
– Ovanon	Noury-pharma	– 0,05 mg Ethinylestradiol/ Tbl. blau
Ovanon 28		– 0,5 mg Ethinylestradiol, 2,5 mg Lynestrenol/ Tbl. weiß
– Oviol 22	Noury-pharma	– 0,05 mg Ethinylestradiol/ Tbl. blau
Oviol 28		– 0,05 mg Ethinylestradiol, 0,125 mg Desogestrel/ Tbl. weiß
– Perikursal 21	Wyeth	– 0,05 mg Levonorgestrel, 0,05 mg Ethinylestradiol/ Drg. weiß – 0,125 mg Levonorgestrel, 0,05 mg Ethinylestradiol/ Drg. ocker
– Sequirlar 21 Sequirlar 28	Schering	– 0,05 mg Levonorgestrel, 0,05 mg Ethinylestradiol/ Drg. weiß – 0,125 mg Levonorgestrel, 0,05 mg Ethinylestradiol/ Drg. ocker
– Sequostat	Jenapharm	– 0,05 mg Ethinylestradiol/ Drg. gelb – 0,05 mg Ethinylestradiol, 1 mg Norethisteronacetat/ Drg. grün
– Sinovula	Asche	– 1 mg Norethisteronacetat, 0,05 mg Ethinylestradiol/ Drg. weiß – 2 mg Norethisteronacetat, 0,05 mg Ethinylestradiol/ Drg. orange

Medikament	Hersteller	Inhalt
Dreiphasenpräparate		
– Synphasec	Grünenthal	– 0,035 mg Ethinylestradiol, 0,5 mg Norethisteronacetat/ Tbl. weiß – 0,035 mg Ethinylestradiol, 1 mg Norethisteron/ Tbl. gelb – wie Phase 1
– Triette	Brenner-Efeka	– 0,05 mg Levonorgestrel, 0,03 mg Ethniylestradiol/ Drg. hellbraun – 0,075 mg Levonorgestrel, 0,04 mg Ethinylestradiol/ Drg. weiß – 0,125 mg Levonorgestrel, 0,03 mg Ethinylestradiol/ Drg. ocker
– Trinordiol 21 Trinordiol 28	Wyeth	– 0,05 mg Levonorgestrel, 0,03 mg Ethinylestradiol/ Drg. hellbraun – 0,075 mg Levonorgestrel, 0,04 mg Ethinylestradiol/ Drg. weiß – 0,125 mg Levonorgestrel, 0,03 mg Ethinylestradiol/ Drg. ocker
– TriNovum	Cilag	– 0,5 mg Norethisteron, 0,035 mg Ethinylestradiol/ Tbl. weiß – 0,75 mg Norethisteron, 0,035 mg Ethinylestradiol/ Tbl. hellrosa – 1 mg Norethisteron, 0,035 mg Ethinylestradiol/ Tbl. rosa
– Triquilar Triquilar 28	Schering	– 0,05 mg Levonorgestrel, 0,03 mg Ethinylestradiol/ Drg. hellbraun – 0,075 mg Levonorgestrel, 0,04 mg Ethinylestradiol/ Drg. weiß

Medikament	Hersteller	Inhalt
		– 0,125 mg Levonorgestrel, 0,03 mg Ethinylestradiol/ Drg. ocker
– Trisiston	Jenapharm	– 0,03 mg Ethinylestradiol, 0,05 mg Levonorgestrel/ Tbl. rotbraun 0,04 mg Ethinylestradiol, 0,075 mg Levonorgestrel/ Tbl. weiß – 0,03 mg Ethinylestradiol, 0,125 mg Levonorgestrel/ Tbl. ocker
– TriStep	Asche	– 0,05 mg Levonorgestrel, 0,03 mg Ethinylestradiol/ Drg. rotbraun – 0,05 mg Levonorgestrel, 0,05 mg Ethinylestradiol/ Drg. beige – 0,125 mg Levonorgestrel, 0,04 mg Ethinylestradiol/ Drg. elfenbein
Morning-after-pill		
– Tetragynon	Schering	– 0,25 mg Levonorgestrel, 0,05 mg Ethinylestradiol/ Tbl.

Register